LA
MAGIA
DEL
LEREGO

LA MAGIA DEL LEREGO

Cambia tus energías:
LEvántate, REnuévate y GOza

Víctor Florencio

EL NIÑO PRODIGIO

ATRIA ESPAÑOL

Nueva York   Londres   Toronto   Sídney   Nueva Delhi

ATRIA
ESPAÑOL

Un sello de Simon & Schuster, Inc.
1230 Avenida de las Américas
Nueva York, NY 10020

Primera edición en rustica de Atria Español, diciembre 2017

ATRIA ESPAÑOL y su colofón son sellos editoriales de
Simon & Schuster, Inc.

Para obtener información respecto a descuentos especiales en ventas
al por mayor, diríjase a Simon & Schuster Special Sales al 1-866-506-1949
o al siguiente correo electrónico: business@simonandschuster.com.

La Oficina de Oradores (Speakers Bureau) de Simon & Schuster
puede presentar autores en cualquiera de sus eventos en vivo. Para
obtener más información o para hacer una reservación para un evento,
llame al Speakers Bureau de Simon & Schuster, 1-866-248-3049,
o visite nuestra página web en www.simonspeakers.com.

Impreso en los Estados Unidos de América

10 9 8 7 6 5 4 3 2 1

Datos de catologación de la Biblioteca del Congreso

Names: Florencio, Víctor.
Title: La magia del LEREGO : cambia tus energías : levántate, renuévate y
    goza / Víctor Florencio (El Niño Prodigio).
Description: Primera edición en rustica. | New York : Atria Español, 2017.
    | Series: Atria español | The word Lerego is a combination of the words
    LEvántate, REnuévate y GOza.
Identifiers: LCCN 2017027808 (print) | LCCN 2017046563 (ebook) | ISBN
    9781501171796 (eBook) | ISBN 9781501171789 (paperback)
Subjects: LCSH: Florencio, Víctor. | Spiritualists—Biography. |
    Spiritualism. | BISAC: BODY, MIND & SPIRIT / Parapsychology / ESP
    (Clairvoyance, Precognition, Telepathy). | BODY, MIND & SPIRIT /
    Channeling. | BODY, MIND & SPIRIT / Parapsychology / General.
Classification: LCC BF1283.F55 (ebook) | LCC BF1283.F55 A3 2017 (print) | DDC
    131—dc23
LC record available at https://lccn.loc.gov/2017027808

ISBN 978-1-5011-7178-9
ISBN 978-1-5011-7179-6 (ebook)

Carta a mi abuela Isabel

19 de abril de 2017
Mo'orea, Polinesia Francesa

Querida Isabel:
Un día como hoy te despediste de este mundo. Han pasado ya largos años, pero nunca olvido esta fecha. Sé que realmente nunca te fuiste, porque siento tu presencia y tu fuerza todos los días de mi vida.

Con lágrimas en los ojos te escribo esta carta, entre tristeza y alegría, hoy, un 19 de abril. Justo en esta fecha tan especial he terminado de escribir mi primer libro, el cual te quiero dedicar. Como siempre te decía, nada es coincidencia en esta vida, porque todo es "Diosidencia". Hoy es el día de la entrega de mi manuscrito a la editorial y siento que así lo quisiste.

Gracias de parte de mi madre, de mis tíos y de todas esas personas que ayudaste a ser lo que somos hoy.

En especial te quiero agradecer tu amor incondicional y tu entrega.

Te quiere tu hijo,
Víctor José

ÍNDICE

PRÓLOGO

Como te imaginarás, este libro es muy importante para mí. Es mi primer libro y decidí que fuera también tuyo. Nuestro primer libro juntos. Tal vez pensaste que comprabas el libro del Niño Prodigio, pero la sorpresa que te tengo es que estas páginas son tan mías como tuyas. Te voy a explicar por qué.

NUESTRO LEREGO

Como tal vez sepas, empecé desde muy pequeño a trabajar la obra espiritual. De ahí que todos me llamen el Niño Prodigio, sin importar mi edad. La verdad es que ya llevo toda una vida de dedicación a temas espirituales, esotéricos, de astrología y de servicio a todos aquellos que necesitan una mano amiga para encontrar su camino. A través de mis estudios, mi línea psíquica Antahkarana, mis viajes, presentaciones y mis constantes segmentos en diferentes programas de la cadena Univision, he podido conocer a tanta gente diferente, de tantos países y culturas que, sin querer y con humildad, he acumulado miles de historias y enseñanzas. Mi trabajo es leer en las estrellas, en los santos y los seres de luz, todas aquellas señales que Dios y el Universo nos envían. Mi labor es escuchar penas y tribulaciones y no juzgar. ¡No te imaginas lo que se aprende escuchando con el oído del alma! Pero todos estos años tenía un problema: no sabía cómo transmitir esas enseñanzas divinas y terrenales de manera que me pudieras entender y que yo te pudiera llegar al corazón. Y así sucedió un día, no por casualidad, porque las casualidades no existen, sino por magia. Sucedió la magia del LEREGO.

Yo estaba en un programa de televisión en vivo, leyendo los horóscopos y el tarot, cuando le salió la carta de *let it go* al signo de Libra. El presentador Ernesto Laguardia es Libra, así que le grité esta frase tan popular en inglés, que en español significa "déjalo ir": *Let it go, let it go, let it go!* Me gusta esta expresión que siempre nos anima a dejar pasar las cosas, a olvidar rencores y a mirar hacia el futuro. Desde entonces, cada vez que Ernesto me veía, me decía con entusiasmo en su *spanglish*: "¡Lerego, lerego, lerego!".

Un día me encontraba meditando frente a mi altar cuando recordé ese "lerego" tan alegre de mi amigo y una voz firme y clara me dijo: "LEvántate, REnuévate y GOza". Lo entendí rapidito. ¡LE-RE-GO! Había encontrado la manera de explicarle al mundo esa magia que yo ya había descubierto hacía tiempo. LE-RE-GO. ¡Tan sencillo como esas tres sílabas!

Por eso quise escribir este libro, porque quiero compartir un poquito de este LEREGO que descubrí gracias a ustedes y gracias a Dios. Porque Dios es quien me regaló el don de escuchar, intuir y ver más allá de lo que otros pueden ver.

Con nuestro libro y la magia del LEREGO podré llegar a ti, sea cual sea tu fe, porque el LEREGO está diseñado con mucho respeto para todas las religiones del mundo. En él incluyo oraciones, rituales y frases de diferentes creencias, sin ánimo de ofender a nadie. Vivimos en tiempos de integración y de búsqueda de armonía y amor, y puedes encontrar este LEREGO en cualquier sitio: en una iglesia, en una mezquita, en un cuarzo o en un altar hecho de frutas. No importa cuál sea tu creencia, te pido que me des una oportunidad para que me entiendas y me leas sin juzgar, porque cada palabra que ves aquí la he escrito con mucho amor para ti. El mundo está lleno de la magia del LEREGO. Solo tienes que sentirla, porque de eso trata este proyecto: de sentir y de creer. El ingrediente principal de este libro es la fe.

NUESTRO LIBRO

Con este libro también podré llegar a ti, no importa dónde te encuentres, porque Dios ya te puso en mi camino de alguna manera. Nuestros destinos ya se cruzaron y entrelazaron en estas hojas de papel.

Primero, te contaré un poco de mi vida para que te inspires y te pongas también a pensar en los episodios de tu propia vida que te han dado grandes lecciones y te han hecho quien eres hoy.

Luego compartiré contigo unas gotitas de sabiduría espiritual y esotérica de temas populares muy interesantes, acompañadas de sencillos rituales o recetas que podrás hacer para poner a prueba tu dominio de las energías que mueven al Universo, a la suerte, al amor y a tantos otros temas del alma. Concluido cada tema, podremos aplicar juntos la magia del LEREGO. Porque en todas estas fascinantes técnicas se esconde un LE, un RE y un GO.

Al final de cada capítulo, también encontrarás una página en blanco. Esa es tu página, para que escribas en ella tus más íntimos pensamientos. Es un ejercicio tuyo y mío. Escribe sin miedo tus propias palabras junto con las mías y verás aparecer ante tus ojos la magia de la que te hablo.

Espero un día encontrarte en persona en uno de mis viajes por el mundo y que te acerques a mí y me cuentes qué escribiste en nuestro libro y que me lo muestres, porque vamos a trabajar juntos este LEREGO tan poderoso. Quiero que te encuentres y te veas reflejado en cada capítulo y que escribas y te desahogues como nunca. Si le cuentas tus problemas a tu comadre o a tu amigo, ¿no se los vas a contar a nuestro libro? Escribe sin miedo, porque este libro va a ser un Antahkarana para nosotros dos.

Antahkarana significa puente, unión entre la mente y el alma. Estas páginas serán el puente entre mi vida y la tuya, entre tus lecciones y las mías.

Tarde o temprano los caminos de la vida nos van a juntar, y me vas a contar si pudiste LEvantarte, REnovarte y GOzar.

Mientras tanto, comienza a leer y anotar. Esto va a ser algo grandioso porque sabemos que nuestra aventura comienza ya.

Recibe bendiciones y como siempre te digo: Con Dios todo, sin Él nada… y ¡LEREGO, LEREGO, LEREGO!

Víctor Florencio
El Niño Prodigio

LO QUE SE HEREDA
NO SE HURTA

Toda historia tiene un principio, una chispa inicial de donde salta toda la magia. Esta aventura mágica del LEREGO que estás a punto de leer se inició mucho antes de que yo naciera, porque soy un simple heredero de lo que otros comenzaron para que un día tú y yo pudiéramos estar aquí compartiendo estas páginas. Y ahora te voy a contar el relato de cómo empezó tanta magia.

—¡Víctor! —mi abuela Isabel me llamaba a gritos desde la cocina mientras yo me quedaba calladito, escondido en ese cuartito con olor a veladoras, rosas secas, lirios y albahaca.

A mi alrededor las llamas de las velas se meneaban y media docena de santos me miraban fijamente. Unos con sus ojos de vidrio, otros de madera tallada, otros pintados en un cuadro. San Santiago, la Virgen Dolorosa, San Carlos Borromeo, Santa Clara y, mi fiel compañera, Santa Ana, Anaísa, quien se convirtió en mi guía. Todos formaban parte del altar que había pertenecido a mi bisabuela.

—¡Víctor, cuento hasta tres! —me gritaba de nuevo mi abuela Isabel desde la cocina—. Uno… dos… y tres.

Isabel, quien en realidad era mi tía abuela, tía de mi madre, pero me crió como si fuera una verdadera abuela, entraba en el cuartito diminuto y suspiraba:

—*Sé que estás aquí, Víctor. Dónde más si no. Aquí te la pasas jugando a no sé qué.*

Escondido debajo de la cama, soltaba una carcajada y mi abuela, muy pícara, hacía como que se iba, cerraba la puerta y, cuando yo salía de mi escondite, ¡zas!, ahí estaba ella junto a la cama, silenciosa e inmóvil como los santos, esperando para atraparme.

—*¡Ajá, te agarré! Vamos, Víctor, que se te enfría la comida. Desde luego, lo llevas en la sangre* —siempre me repetía mi abuela Isabel.

Ese cuarto de servicio que tenía nuestra casa en Santo Domingo era mi lugar favorito. En ese cuartito con el techo ennegrecido por el humo de la lámpara de aceite y con el altar de la bisabuela en el suelo, pasaba tardes enteras y luego subía a la azotea a construir casitas con cajas, con maderitas o cualquier cosa que encontrara.

—*Mira, Agustina, el niño te va a salir albañil* —comentaban mis tíos admirados.

—*¿Albañil?* —mi madre les respondía—. *Lo que está haciendo son casitas para sus santos, porque yo creo que va a ser vidente.*

Y entonces mi madre contaba esa historia que tanto me gustaba escuchar: que en los últimos meses de embarazo tuvo varios sueños reveladores y que el más real fue el de una mujer blanca y rubia, llamada doña Ana, que le mostraba una bandeja de oro y le decía:

—*Este es tu hijo, te lo presento. Va a ser muy conocido y lo llamarán el Niño Prodigio.*

Mis tíos soltaban un largo "ohhhhhh" y me miraban con intriga.

Curioso nombre el de la mujer del sueño. Ana es Anaísa en la tradicional práctica religiosa de Las 21 Divisiones, tan típica de mi tierra. Ana, como la santa que terminó siendo mi aliada más cercana en mi largo viaje espiritual.

—*Víctor* —insistía mi abuela Isabel—, *luego me sacas*

a Santa Ana al patio y le pones flores, porque siempre que lo haces me gano la lotería. Eres idéntico a tu bisabuela, que Dios la tenga en su gloria.

Y así es como, poco a poco, me enteré de quién fue mi bisabuela Petronila y de dónde me venía la disposición a jugar con los misterios de la vida. No llegué a conocerla, pues falleció muchos años antes de que yo naciera, pero sus santos y su magia en aquel cuartito me fueron contando todo acerca de ella.

Petronila Tiburcio fue una mulata muy guapa nacida en el siglo XIX, que hablaba francés y a quien el mismo tirano Rafael Leónidas Trujillo Molina la consultaba en tiempos de la revolución. Petronila recibía muchos regalos por sus servicios, pero se mantenía humilde y ayudaba a todo el mundo, fueran presidentes o amas de casa. Era soñadora, aventurera y desprendida de todo. Practicaba el culto de Las 21 Divisiones, era curandera y llegó a ser una de las más famosas médiums de República Dominicana. Cuenta mi mamá que toda mujer que quería salir embarazada, nada más tenía que visitarla y Petronila le preparaba una de sus famosas "botellas", un bebedizo con diferentes yerbas y raíces. También recetaba otra de sus famosas botellas para los hombres que perdían la libido. A las pocas semanas, las jóvenes regresaban con la buena nueva de la semilla en su vientre y los hombres con el ánimo levantado y dispuestos a ser los mejores amantes. Pero dicen que su mayor magia era la de ayudar a quitar obstáculos, resolver problemas y encontrar siempre esa luz que todos necesitamos para continuar en nuestro camino.

Estas y mil historias más de la bisabuela Petronila me acompañaban en nuestra casa del malecón, en la zona colonial de Santo Domingo. Allí transcurrieron los mejores años de mi infancia, rodeado del legado de la difunta médium y rodeado del amor de mi madre, de mi abuela y de mis tíos. Yo era el único que se acercaba a los santos de

Petronila. Mi abuela se limitaba a prender velas y cambiarles el agua a las flores, dejando que el polvo se acumulara alrededor, y de vez en cuando les tiraba las cartas a sus amigas, mientras mi madre les leía la taza como diversión. No hay duda de que, entre todas las mujeres de mi familia, Petronila fue mi gran maestra espiritual desde el cielo. Yo fui el encargado de quitarle el polvo a sus santos que llevaban décadas esperando nuevas manos. Fue a través de su magia que aprendí a leer el Universo, el amor de Dios y las señales de la vida.

Ese cuartito con el altar de Petronila fue el primer capítulo y el primer paso para emprender el camino que me llevaría hasta ti, querido lector, y hasta el LEREGO.

Ahora ya sabes cómo empezó mi historia y que lo que se hereda no se hurta. Con la herencia de mi bisabuela estaba preparado para iniciar mi gran aventura de vida.

Bénédictions, ma chère Petronille.

1

MI PRIMERA HISTORIA
DE LEREGO

Si de noche lloras por el sol, tus lágrimas
no te dejarán ver las estrellas.
—RABINDRANATH TAGORE

Cuando pienso cuál fue la primera historia que escuché con la magia del LEREGO, mi mente vuela siempre hasta un campito verde con olor a cacao y café.

Allí, en ese paraje tropical, sucedió la historia que mi madre me contaba cada vez que le preguntaba cómo fue que yo nací.

Agustina dice que me trajo a este mundo sin un solo quejido, ni un solo miedo, ni una sola duda, de la misma manera que me concibió.

Desde que tenía nueve años, mi valiente madre vivía en la ciudad con su tía Isabel para poder ir a la escuela. Pero ese invierno decidió pasar unos días con sus padres en San Francisco de Macorís, el pueblo de donde era toda su familia. Allí conoció a un rico hacendado. Un hombre elegante, fino y distinguido, de sangre italiana y gran conquistador, como todo buen siciliano. Tal vez un poco rústico para el gusto de mi madre, que se había criado en la ciudad. Pero este hombre la enamoró con su inteligencia y picardía. Mi madre estaba en su plena juventud, de veintidós años recién cumplidos; era ingenua, soñadora, carismática y tierna. Con su boca sensual y su larga melena negra hasta la cintura, caminaba firme; sabía lo que quería en la vida. Sabía que viviría un gran amor, pero que su destino no era quedarse en aquel pueblo a sufrir las consecuencias.

Con el corazón ardiendo de pasión, pero con las cosas muy claras, mi madre salió a ese encuentro mágico una tarde de suave invierno, en ese campito verde con el olor a café y cacao. Tan mágico fue el instante que el conjuro de amor solo duró unas semanas y el romance terminó tan rápido como comenzó. Días después, mi madre se enteró de que estaba embarazada y las familias decidieron que el galán cuarentón y mi madre se mudarían juntos, sin boda ni grandes compromisos, en espera de lo que el destino les tenía guardado.

En los últimos meses de embarazo mi madre comenzó a tener sueños reveladores que le iban indicando que su camino y el del bebé que esperaba con tanta alegría no terminaban en esa casa, ni en ese pueblo, ni junto a ese hombre tan diferente a ella.

Llegué al mundo un día de septiembre a las siete de la mañana en ese pueblito rodeado de cafetales y sembradíos. Exactamente un mes después, mi madre hizo sus maletas, se despidió de mi padre sin grandes lágrimas y regresó a la ciudad con la tía Isabel, quien la había criado desde pequeña y quien se convirtió en mi abuela adorada y fiel compañera por el resto de nuestras vidas.

Esta anécdota de la vida de mi madre suena bonita y fácil, pero no fue exactamente así. Mi madre tuvo que recurrir, sin saberlo, a la magia del LEREGO. Primero, tuvo que LEvantarse de este tropiezo de amor que tanto le dolió y aceptar que ese no era su destino. En la vida de mi padre había, y hubo por el resto de su vida, varias mujeres. No era hombre de un solo amor. Mi madre, tan romántica e idealista, no podía aceptar ser una más. Tuvo que hacer de tripas corazón para empacar sus cosas y dejar atrás esa gran aventura. Se LEvantó sola, como la he visto LEvantarse siempre. Su fe en Dios y el amor por sus hijos son las dos cosas que la ayudan siempre a LEvantarse.

Mi madre, conmigo en sus brazos y una simple maletica, se fue a casa de sus padres en el mismo pueblo. Allí tuvo que tomar una de las decisiones más valientes de su vida: regresar a la ciudad con su tía Isabel. En la ciudad me podría dar una mejor vida y ella podría poner tierra de por medio con ese amor que nunca la haría feliz. Encontró el camino para REnovarse y, sin dudarlo, se subió al autobús rumbo a Santo Domingo y nos fuimos a emprender nuestra propia aventura.

Agustina volvería a REnovarse y reinventarse una vez más cuando decidió, después de años de vivir en Santo Domingo conmigo y con la abuela Isabel, partir hacia Estados Unidos. Aquí encontró un nuevo amor, me dio un hermanito y juntos abriríamos mi primera botánica, donde ella GOza hasta el día de hoy atendiendo con cariño a nuestra gente.

Mi querida madre nunca me habló de mi padre con rencor. De hecho, me permitía visitarlo siempre que yo quería. Mi madre se LEvantó de ese desamor con mucha entereza. Se REnovó buscando gran felicidad en criarme y sacarme adelante y GOza ahora de mí, de mi hermano Marcial, quien nació años después de otro gran amor, y de su nieta Amaya, quien le ha robado el corazón.

Mi querida madre, eres y serás mi mejor maestra de la magia del LEREGO.

Ahora, como te prometí, vamos a hacer que este libro sea tan tuyo como mío. En este capítulo, al igual que en todos los que le siguen, te dejo una página en blanco para que escribas junto a mí.

Aquí vas a escribir una historia tuya, de tu familia o de amigos tuyos que te haya impresionado. Una historia de superación, reinvención y celebración. Porque de eso trata el LEREGO. Quiero que dividas tu relato en tres partes: LE, RE, GO. Cómo esa persona se LEvantó, cómo se REnovó y cómo GOzó de su superación.

Manos a la obra, y cuéntame, ¿cuál fue ese primer gran LEREGO en tu vida?

_____

_____

_____

_____

_____

_____

_____

_____

_____

_____

_____

_____

_____

_____

_____

_____

_____

_____

_____

_____

_____

_____

_____

2

NUESTRA VOZ INTERIOR

¿Qué es la verdad?
Es lo que te dice tu voz interior.
—MAHATMA GANDHI

Para continuar en mi búsqueda de la magia de Dios, del Universo y del LEREGO, hubo otro personaje femenino que fue y sigue siendo clave en mi vida. Su nombre es Anaísa. Su voz y su presencia me acompañan desde que tengo uso de razón. Con Anaísa en mi corazón, emprendí el viaje más grande de mi vida. Un viaje que me llevó a ser quien soy y a estar más cerca de Dios. Porque de eso trata esa voz interior que todos tenemos dentro, la llames como la llames: de acercarnos a Dios.

Ahora te voy a contar cómo descubrí a Anaísa en mí y cómo me convertí en el Niño Prodigio.

La vida se disfrutaba intensamente en aquella casa junto
al malecón, en Santo Domingo, donde mi madre me llevó
a vivir con mi abuela Isabel. Desde temprano, mi abuela
y mi madre ponían a ablandar habichuelas y sazonaban
la carne, entre animadas conversaciones, risas y gritos. Las
dos mujeres de la casa cocinaban para amigos y vecinos y
al mediodía vendían sus cantinitas individuales a sus fie-
les clientes. También alquilaban cuartos, lavaban y plan-

chaban. Todo negocio era bueno para traer unos pesos a
la casa.

Mas los ruidos y las risas de las dos mujeres en la cocina
no me distraían. Desde que recuerdo, yo platicaba con esa
otra voz a solas. Con esa otra mujer en mi vida. Mi voz
interior. Me concentraba y pasaba los minutos escuchando
esa dulce presencia.

No sería hasta los siete u ocho años cuando al fin logré
ponerle nombre y explicárselo a mi madre y a mi abuela.

—Se llama Anaísa. La Santa Ana que tenemos en el
cuartico —les dije un día—. Ella me habla, me dice que
me porte bien y que ustedes dos van a estar bien y nada les
va a faltar.

Tanto mi madre como mi abuela me creyeron a la primera. Convivir con seres de luz es parte de nuestra cultura
y de nuestras raíces; además, ya sabían que yo había heredado esa devoción por los santos de Petronila. En mi casa
entendieron sin problema que un niño como yo pudiera escuchar esa voz. Una voz que, insisto, todos llevamos dentro.
Unos la llaman Dios o Jesús, otros la llaman conciencia,
otros instinto o subconsciente, incluso un amigo imaginario.
Que levante la mano quien nunca ha oído una voz interior
hablándole inteligentemente. No importa el nombre que tú
le des, esa voz está ahí y no se va.

Y ahí estaba Anaísa, en mi cabeza y en mi corazón. Mi
santa, mi guía espiritual, mi maestra, mi canal de luz. En
la tradición dominicana de Las 21 Divisiones, es la metresa
más popular. La conocemos como Anaísa Pie, la Mujer de
las 7 Vueltas. Es la metresa del amor, la alegría, la pasión
y la familia, y los que me conocen saben que esa es toda mi
esencia. A Santa Ana, Anaísa, la abuela de Jesucristo, la
celebramos el día 26 de julio.

Anaísa me enseñó, desde tierna edad, que si trabajaba
duro y me concentraba podría desarrollar mi lado más espiritual y sensible con Dios, con la naturaleza, con las energías

y los diferentes mundos que nos rodean. Anaísa me enseñó desde niño a ver lo que no se ve, a oír lo que otros no pueden oír y a leer los mil idiomas en los que se comunica Dios. Es el ruido de tu mente y tu vida lo que te bloquea de lo divino, lo mágico y lo espiritual.

Por suerte, María Rubio —mi abuela Nena, como yo la llamo— la madre de mi madre, también me comprendió a la primera. Aunque no me crié con mi abuela, ella siempre estuvo muy presente en mi vida y en mi magia. La abuela Nena nos visitaba en la ciudad y en mis vacaciones de la escuela yo iba a pasar días al pueblito con ella. Siempre me recibía con mucho cariño y me decía: "Víctor José, cada vez que me visitas eres como una luz que me trae suerte y alegría".

En la calle donde vivíamos, calle Santomé, en la zona colonial de Santo Domingo, ya comenzaba también a rumorearse que el nieto de Isabel y de Nena tenía un don especial y podía comunicarse con la magia y las energías invisibles. Cada vez que salía a jugar al malecón, las señoras me saludaban: "Hola, Niño Prodigio… hola, niño bendito… niño divino". Presumo que les llamaba la atención que, siendo tan pequeño, ya supiera de santos y de tantas cosas espirituales.

Un día, una vecina muy querida, que por cosas del destino también se llamaba Ana, le pidió a mi madre que me dejara acompañarla al parque de la Independencia, donde los domingos por la mañana se reunían los billeteros de la lotería. Cada uno ponía su estante de madera con los pliegos de billetes.

—Este —le indiqué a la vecina sin pensarlo mucho y agarré el pliego entero con toda la serie del mismo número.

—No, Víctor, es mucho, solo me alcanza para un billetito suelto —me dijo mi vecina mientras devolvía el pliego al vendedor.

—Mire, señora —dijo el hombre—, lléveselo, el niño lo

escogió por algo. Deme lo que tenga y yo se lo aguanto mientras va a casa por el resto.

Mi vecina me agarró de la mano, fuimos a su casa por el dinero que le faltaba y regresamos al parque por el pliego entero. Ella nunca compraba más de un billetito, pero ese día hizo una excepción.

Días después, un escándalo en el patio me despertó: era la vecina que gritaba de felicidad. ¡Había ganado el Premio Mayor enterito! Como tenía todos los billetes de la serie, no tuvo que compartir el dinero con nadie. Lo que sí compartió fue su buena suerte. La vecina, feliz, me costeó mis estudios y me regalaba ropa que me traía de sus viajes a Venezuela y a Nueva York. Un alma verdaderamente agradecida.

Inevitablemente, todos los vecinos se enteraron de la buena suerte de la mujer y comenzaron a acudir a nuestra puerta.

—Agustina, préstame al niño, para llevarlo al parque —le rogaban a mi madre.

—No, señora, mi niño no es juguete para estarlo prestando —mi madre les respondía muy firme—. Además, me le van a robar su luz con tanto relajo. Es muy chiquito.

Mi mamá estaba siempre pendiente, aunque ya era consciente de que la tradición de la bisabuela Petronila seguía viva en mí. Fue así como, poco a poco, mi madre me dejó aprender sobre la magia de las cartas y permitió a las vecinas entrar y sentarse conmigo para que se las leyera.

En esos tiempos, mi propia curiosidad sobre mi don despertó y decidí ponerlo a prueba yo solito.

—Abuelita, deme un peso —le pedí a mi abuela Isabel, dispuesto a comprobar si "en casa del herrero, cuchillo de palo".

—¿Y para qué quieres un peso, si se puede saber?

Isabel siempre fue muy cuidadosa con su dinero.

—Es para una sorpresa que le quiero dar —le respondí muy misterioso.

La abuela Isabel sacó un peso del monedero que siempre guardaba encima del armario y me lo dio.

—A ver esa sorpresa, muchacho. ¡Que un peso es mucho! —me dijo mi abuelita, intrigada.

Con la moneda bien apretada en la mano, corrí hasta un patio donde jugaban a La Caraquita, una lotería clandestina que iba con los números ganadores de la lotería nacional de Venezuela. Esa noche, esperé ansioso a que saliera el número 8 y para mi suerte fue el primer premio. ¡Me gané 150 pesos dominicanos! Esa cantidad era mucho dinero en esa época, especialmente para un niño de mi calle.

—¡Sorpresa, Abuela! —le grité a mi abuelita Isabel cuando entré a la casa con los billeticos en la mano.

—¡Niño! —mi abuela dijo sorprendida—, ¿de dónde sacaste ese dinero?

Le conté que fue el número que jugué con el peso que me dio y que gané y ella me respondió decidida:

—Trae p'acá todo ese dinero, que vamos a invertirlo bien.

Con esos pesos, mi abuela me compró una máquina de escribir en el Monte de Piedad y me matriculó en clases de mecanografía. Peso que me enviaban mis santos y mi buena suerte, peso que usábamos en mi educación. Mi abuela Isabel fue quien me inculcó el difícil arte de ahorrar. Cada Navidad me regalaba un cerdito de oro, una alcancía del Banco Popular, y durante el resto del año me recordaba que metiera allí todo lo que me daban las vecinas o los familiares. Con la abuela Isabel no malgastábamos ni un centavo. Hasta la fecha, cuando me voy a comprar unos zapatos caros o un capricho que no necesito, siento que sus ojos me observan desde el cielo.

Con los esfuerzos de mi madre y mi abuela, mis dineritos de la lotería y la generosidad de aquella vecina ganadora, nunca me faltó un suéter nuevo ni una lección de piano o de dibujo, aunque mis clases favoritas eran las de teatro. *Tantas ganas le eché a la actuación, que a los once años ya me daban papeles en obras infantiles de Bellas Artes y del Teatro Nacional.*

Nunca sentí que nos faltara nada, aunque vivíamos de forma modesta. Por eso me sorprendió cuando mi madre me dio la noticia de que ese mismo mes se iría a Estados Unidos a trabajar. Le habían ofrecido ir a cuidar a una anciana en Nueva York y le estaban tramitando el visado. Trabajaría y viviría en la misma casa y así podría ahorrar mucho. Era el año 1983 y yo tardaría casi cuatro años en volverla a ver, en volver a besarla, abrazarla y mirarla a los ojos.

Hoy entiendo el gran sacrificio que hizo mi mami. Quería darme oportunidades mayores y lo logró. Me dio lo mejor de lo mejor. Mientras tanto, pasé cuatro años viviendo para recibir sus llamadas telefónicas. Cuatro años mirando las fotos que me enviaba de las calles llenas de nieve, los edificios tan altos y ese árbol de Navidad enorme en Rockefeller Plaza. Hasta un día que me llegó una carta diferente: habían aceptado mi solicitud de visado y la Embajada de Estados Unidos en Santo Domingo me daba cita para tramitar mi residencia. ¡Mi madre me había reclamado! El único problema era que tuve que esperar seis meses hasta el día de la cita para finalizar el trámite. ¡Paciencia!

La espera fue larga, pero llegó el gran momento. Había escuchado toda clase de horrores sobre la embajada: que si llegas y te niegan el permiso de viajar porque te faltaba una fecha, o que no te dan el visado porque ese día habían dado muchos. Estaba verdaderamente aterrado. No podría sobrevivir un año más sin ver a mi madre, así que me dispuse a pedirle de nuevo al jefe de todos los jefes: San Elías. Ya le había pedido que nos ayudara con los papeles de la solicitud.

San Elías, en nuestra tradición, es El Barón del Cemen-

terio. Su imagen se representa con la de San Elías del Monte Carmelo, con su espada de fuego y sus largas barbas blancas, y se le recitan principalmente Padres Nuestros y Avemarías, y también una oración llamada el Responso. El Barón es posiblemente uno de los santos más poderosos y respetados de Las 21 Divisiones y a él no se le molesta con tonterías. A San Elías se acude con asuntos importantes, casos difíciles o imposibles de lograr.

Para mí, el viaje a Estados Unidos era un asunto urgente. Sentía que me moría sin ver a mi adorada madre y que moría por lograr el sueño de miles de inmigrantes: pisar suelo americano. Así que le pedí a San Elías que me diera una prueba de que me estaba ayudando: "Santo Barón, si estás detrás de todo esto, concediéndome la dicha de ver a mi madre, te pido que esté entre los primeros en ser llamado y que no me hagan más de tres preguntas. Te pido, noble Barón, que antes de las doce del mediodía ya tenga mi residencia en la mano". Y siguiendo el consejo de mi abuela, que siempre me decía que "cuando uno pide, tiene que dar", le prometí al Barón llevarle su ofrenda favorita.

Temprano en la mañana, Inés, la mejor amiga y casi como una hermana de mi mamá, me llevó hasta las oficinas del centro donde ondeaba la bandera estadounidense como promesa para todos los que aspirábamos a grandes sueños. Para nuestra sorpresa, una vez en la sala de espera, fuimos los terceros en ser llamados.

El agente revisó mis papeles y me preguntó con mirada fija: "¿En qué trabaja tu madre?". Le respondí que cuidaba a una señora mayor. "¿A qué vas a Nueva York?". Yo me moría de los nervios, pero le contesté con mucho entusiasmo: "A estudiar y a prepararme para llegar a ser grande en Estados Unidos". De pronto, el hombre cambió la cara seria por una sonrisa y mientras sellaba el papel me decía: "Buen viaje, Víctor". ¡Así de fácil! El agente se puso de tan buen humor y la suerte se puso tan en mi favor que *hasta le ofreció sellarle el pasaporte a Inés para que me acompañara y yo no viajara solo. Qué pena que Inés no lo trajo, pues habría salido de la cita con uno de esos visados tan codiciados.*

Inés y yo nos subimos felices al primer carro de concho que pasó de regreso a nuestro barrio en la zona colonial. Queríamos compartir cuanto antes la buena noticia con mi abuela Isabel. En ese viaje a casa, me embargaban dos emociones encontradas. La primera era que volvería a ver a mi madre. Pero a la vez me sentía triste porque dejaría a mi abuela, a mi país y a mis amigos de la escuela. Siento que solo el inmigrante es capaz de comprender la alegría de la nueva tierra prometida y la infinita tristeza por los que dejamos atrás. A veces queremos tener todo en esta vida, pero no es posible. Siempre te va a faltar algo y a mí me iba a faltar mi abuela Isabel.

(Querida Abuelita Isabel: Pasaron los años y no quisiste moverte de tu malecón junto al mar. Los nietos de Nueva York te visitábamos una vez al año, pero te quedaste en nuestro querido Santo Domingo hasta que Diosito te mandó llamar y te reuniste con tu querida madre Petronila).

En casa comenzaron los preparativos para mi gran viaje mientras observaba con intriga, emoción y esperanza el sobre de manila cerrado que me dieron en la embajada. Ahí dentro iban mi visado y mi futuro.

Una semana antes de mi partida, fui a despedirme de una amiga y, estando en su patio, me apoyé en un muro que se vino abajo. ¡Un bloque me cayó en el pie derecho! El dedo gordo me quedó ensangrentado.

—¡Ay, San Elías! —grité en medio del dolor—. Se me olvidó darle la ofrenda al Barón y ya me voy hacia Estados Unidos.

—Niño, ¿cómo te olvidas de San Elías, tú que tan bien te llevas con todos los santos? —me regañó la mamá de mi amiga que era una fiel creyente de Las 21 Divisiones—.

Vamos a curar ese dedo y después te encargas de cumplir tu promesa al santo.

Esa misma tarde, con el pie vendado, ayudé a mi abuela a cocinar la ofrenda.

—Aquí está lo prometido. Dame tu bendición ahora para emprender vuelo. Y perdón por el retraso, San Elías, gran profeta y señor —le dije al santo frente al altar, honrando la magia y las costumbres de mi bisabuela.

La herida del dedo se me infectó y tardé siete días en poder ponerme el zapato. La mañana de mi partida, me vestí con un pantalón blanco, una camisa nueva para la ocasión y, para mi sorpresa, el dedo ya no me dolió al ponerme el zapato. ¡Ah no, yo no iba a llegar a mi nuevo país con chanclas! Y ya nunca me iba a olvidar de mis santos, mis misterios y mis raíces, allá donde fuera.

Mi abuela Isabel se quedó muy triste y no quiso acompañarme al aeropuerto. Mi tío Juan Roque me llevó y yo solito, con mi sobre de manila en mano, me subí al avión rumbo a Nueva York. Cuando aterricé en el aeropuerto JFK, allí estaba mi madre esperándome en la salida internacional, entre lágrimas de alegría, besos y abrazos. Agustina, la madre más dulce, trabajadora, divertida y carismática del mundo. Agustina fue la que me enseñó a confiar en la gente, a conectar con el mundo, a sentir el dolor ajeno y a ayudar a todo el que lo necesite. Puedo decir que mi amor al prójimo lo he heredado de ella, de mi dulce madre. Hasta el día de hoy, mi madre se la pasa colectando medicinas, donaciones y útiles escolares para llevar a los hospitales de República Dominicana. Tiene la casa llena de cajas y ropa que regularmente envía por carga a Santo Domingo.

—Mira, Víctor —me dijo mi madre la tarde de mi llegada ese día de mayo en 1986, camino al Bronx, donde viviríamos los dos en la misma casa donde ella trabajaba—, mira los trenes y los puentes en alto, por donde pasan tan-

tos autos. ¿Recuerdas que me lo dijiste cuando tenías cinco años? Me dijiste: mami, un día vamos a estar juntos en una gran ciudad en la cual los autos van por arriba y los trenes pasan haciendo mucho ruido.

—Sí, mamá. Me lo dijo Anaísa. Y ahora me dice que ella, en esta ciudad, también nos va a acompañar y a cuidar —respondí, sintiéndome amparado y protegido en ese nuevo mundo.

No. No estábamos solos en nuestro nuevo hogar.

Señora, sea eternamente bendita
La gloriosa Señora Santa Ana,
Por haber tenido la dicha de llevar en su seno
A la Santísima Virgen María, Madre de Dios.

BUSCA TU VOZ INTERIOR

Insisto, tú tampoco estás solo, porque todos tenemos esa voz interior que nos guía y protege en esta vida. Algunos nacemos con esa habilidad para escucharla, pero no significa que los demás no puedan si se lo proponen.

Es curioso cómo le ponemos nombre al canario, al pececito de colores que nos regalaron en las ferias y hasta a la aspiradora. Tengo un amigo que se compró una de esas aspiradoras que trabajan solas todo el día y le puso el nombre de Beba. "Beba, la empleada del servicio", le gusta bromear.

Pero no sabemos ponerle nombre a esa presencia que nos acompaña día y noche, a toda hora y que conoce hasta nuestros más íntimos pensamientos.

Conciencia, corazonada, instinto, subconsciente… para los más religiosos es Dios, y solo Dios. Para los psicoanalistas es el ego. No importa qué nombre le pongas, esa voz es poderosa y es una aliada perfecta.

Una vez que te dedicas a meditar, a orar y a explorar en lo más profundo de tu ser, comienzas a darte cuenta de que puedes escuchar más de una presencia en tu alma; puedes conectar con tu santo, tu ángel, con la Madre Naturaleza, con un ser querido que partió y, en última instancia, siempre con Dios. Con Dios todo, sin Él nada.

LA MEJOR HERRAMIENTA PARA CONECTAR CON TU VOZ INTERIOR

En toda creencia y religión la meditación es el camino más directo para apagar los ruidos mundanos y escuchar esa bella presencia interna. Y en nuestra magia del LEREGO, esa voz también es esencial. Es la guía que te va a llevar por los pasos correctos para LEvantarte, REnovarte y GOzar. En esa voz encontrarás la fortaleza para LEvantarte, los consejos para REnovarte y las razones para GOzar.

Y recuerda que meditar no es más que orar o rezar en silencio. Intenta varios minutos cada noche y, si deseas, repite alguna oración o mantra para no distraerte.

Cuanto más medites, más claro escucharás tu voz interior y más rápido podremos tú y yo trabajar juntos nuestro LEREGO.

SIETE PASOS PARA ENCONTRAR TU VOZ INTERIOR

1. Sentado en un lugar silencioso y cómodo, con una libreta en blanco y una pluma al lado, comienza a prestar atención a tu respiración. Tiene que ser rítmica y profunda.
2. Relaja todo tu cuerpo, músculo por músculo, visualizando cada parte que vas liberando de tensión.
3. Concéntrate en algún símbolo o imagen. La primera que te venga a la mente, por muy loca que parezca. Por ejemplo: la cara de tu mascota, una flor, la luna, una cruz, la imagen de un santo o el rostro de alguien conocido. No importa cuál sea esa visión, aférrate a ella en tu mente. No la dejes ir.
4. Repite tu oración o mantra hasta que sientas que los otros pensamientos se desvanecen.

5. En total silencio, saluda a tu voz interior: "Voz que me guías, regálame tu armonía y sabiduría. Voz que me guías".
6. En calma total, comienza a preguntar cualquier duda que tengas y siente las respuestas en tu corazón.
7. Cuando termines tus preguntas, escribe las respuestas en tu libreta para que no se te olviden al terminar tu meditación y regresen todos los otros pensamientos ruidosos del día.

Con la práctica y la repetición, un día descubrirás quién te habla y le pondrás nombre. No te sorprendas si es alguien que no esperabas. Recuerda que tras todas esas voces se esconde la voz de Dios. Todos los caminos llevan a Roma y todas las almas conducen al Señor.

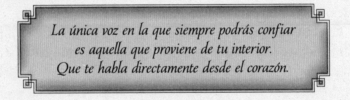

La única voz en la que siempre podrás confiar
es aquella que proviene de tu interior.
Que te habla directamente desde el corazón.

Aquí tienes tu página en blanco. Quiero que te concentres y escribas el primer nombre que te venga a la mente. Escríbelo ya. Esa es tu voz interior, tu guía espiritual. Si no te llega en este momento, deja nuestro libro abierto en esta página cerca de tu cama esta noche. Al despertar, te llegará.

Sé que te llegará ese nombre y lo anotarás aquí y sabrás quién te habla todos los días desde lo más profundo de tu corazón.

_____

_____

_____

_____

_____

_____

_____

_____

_____

_____

_____

_____

_____

_____

_____

_____

_____

_____

_____

_____

_____

_____

_____

3

TU MISIÓN EN LA VIDA

Hay dos grandes días en la vida de una persona:
el día en que nace
y el día en que descubre para qué ha nacido.
—ANÓNIMO

Saber para qué eres bueno es una dicha y una satisfacción muy grande que hará más fácil tu camino hacia el LEREGO.

Descubrir para qué sirves en la vida, primero te da fuerzas para LEvantarte de todas tus caídas. Segundo, encontrar esa razón de existir te ayudará a REnovarte. No hay mejor manera de REnovación para cambiar de rumbo y crear un nuevo camino que dedicarse a lo que Dios tiene guardado para ti. Y por último, conocer tu misión te dará esa paz y ese GOzo en tu corazón que siempre deseaste. Dicen que no hay mayor felicidad ni mayor GOzo que saber quién eres y para qué viniste a este mundo.

Continuando con mi relato de vida, yo ya sabía quién era. Yo era el Niño Prodigio, dondequiera que me fuera a vivir. Pero aquí te cuento cómo descubrí cuál sería mi verdadera misión.

MI MISIÓN

—Quiero ser actor —le decía a mi madre, convencido de que el destino me había traído a Nueva York para triunfar en Broadway.

Yo ya llevaba unos meses instalado en Estados Unidos. Atrás habían quedado Santo Domingo, mi bisabuela y los muchos vecinos que me buscaban cada día para consejos, guía y ayuda espiritual. En mi nuevo país no quería ser diferente a los demás jóvenes. No estaba seguro de querer dedicarme a mis antiguas tradiciones.

De República Dominicana me traje algunos de mis santos: el Gran Solier, San Nicolás del Sol, a mi querida Anaísa (Santa Ana) y el Arcángel Miguel (Belié Belcán), marido de Anaísa en Las 21 Divisiones. También empaqué entre mis cosas a San Carlos Borromeo (Papá Candelo) y a mi querido San Elías. El resto de mi altar se quedó con mi abuela en aquel cuartito donde la tradición de la familia seguía presente.

En mi maleta había metido también macramé de regalo para mi madre, dulces caseros, un poco de queso, una botella de ron, dos pantalones, dos camisas y un par de zapatos. Con todo eso y mis cuatro santos, estaba preparado para enfrentar mi gran aventura.

Al llegar a Nueva York al estudio que mi madre rentaba en la casa donde trabajaba en el Bronx, dejé mis santitos guardados en esa vieja maleta. No tenía intención de fabricar un altar en mi recién estrenada vida en los Estados Unidos. Yo quería ser un niño más… hasta que el destino me volvió a llamar.

—Maestra, usted antes de salir de su casa hoy tuvo una discusión con su marido.

No pude evitar estas palabras al ver a mi nueva profesora llegar al salón con los ojos llorosos. Ya llevaba unos meses en

mi nueva escuela secundaria en el Bronx, totalmente inte-
grado, y en mis clases de teatro y danza para emprender mi
sueño de convertirme en actor. Esa sería mi nueva profesión:
actor de teatro. O, al menos, así lo imaginaba.

La maestra, una mujer muy dulce pero firme, estalló
en lágrimas y me preguntó cómo sabía lo de su esposo. Me
confesó que era cierto, que en la mañana había discutido
como nunca con él y por primera vez hablaron de divorcio.

—Es alcohólico —le dije seriamente.

La dulce maestra lloró todavía más. Intrigada, me preguntó cómo podía haber averiguado todo eso, si ella no se lo
había confesado ni a su mejor amiga. No supe qué contestarle. No estaba seguro de que en este nuevo mundo la gente
comprendiera mi don. Un don que poseen muchos otros,
más de los que creemos, pero que lo ocultan o no lo usan por
miedo al qué dirán o a lo que no podemos explicar.

—Su esposo se va a comportar mejor. Pero tiene que
buscar ayuda. No lo deje. Él lo va a superar, pero necesi-
tará cambiar de trabajo y de amistades —le aconsejé, escuchando las palabras de Anaísa en mi corazón y en mi oído.

La maestra debió de haberle contado esta conversación
a otros profesores y a algunas madres de estudiantes porque
pronto se regó la voz, tal como me había sucedido en Santo
Domingo. Compañeros de clase e incluso vecinos y otros
maestros comenzaron a acercarse a mí. Solo buscaban una
palabra o un consejo que les hiciera entender lo que estaban atravesando en esos momentos.

Recuerdo que una muchacha quería conseguir novio.
Era su sueño. Fui a una botánica cerca de mi casa, compré
varias hierbas y varias velas, se las ligué y a los quince días
conoció a un muchacho. La chica solo tenía dieciséis años,
pero algún tiempo después se casó con ese mismo noviecito
fiel y tuvieron tres hijos. Eran lo que aquí llaman high
school sweethearts, novios desde la escuela secundaria. Ese

tipo de amores que duran para siempre y que logran vencer todos los obstáculos.

—Tienes que montar tu nuevo altar, Víctor. Saca tus santos de la maletica y haz lo que Dios te dice que debes hacer —me insistían con cariño los amigos.

—No, voy a ser actor —me aferraba, confundido. Todavía no tenía claro cuál sería mi misión en la vida.

Un año más tarde, y una vez que mi madre logró ahorrar un dinerito, nos mudamos a nuestro propio apartamento, también en el Bronx. Nuestro primer pequeño verdadero hogar en Nueva York. El dueño del lugar nos regaló unos muebles rojos, verdes y amarillos. Unos colores un poco extraños para muebles de casa. Mirándolos, me inspiré y con ellos decidí sacar mis santitos de aquella maleta y comenzar mi nuevo altar. Al poco tiempo de colocar la última flor y mi última ofrenda a mi adorada Anaísa, una mujer tocó a la puerta.

—Hola, me dijeron que aquí vive un niño prodigio —le dijo a mi madre con curiosidad.

—¿Cómo lo sabe, si nos acabamos de mudar hace apenas dos días?

—Una amiga que tiene una botánica me dijo que acá vivía un niño que me podía ayudar.

Y a esa mujer le siguieron muchas otras. El nuevo apartamento se convirtió en un lugar donde la gente podía llegar, sentarse a nuestra mesa, platicar con mi madre, buscar un hombro amigo donde llorar o compartir sueños, consultar a mis santos y, en algunas ocasiones, se volvían parte de la familia y se quedaban a compartir un sancocho o un mangú. Porque no podemos curar el alma sin curar antes el estómago y la soledad.

En mi caso, los santos no me dijeron cuál sería mi misión en la vida, aunque me hablaban seguido y me animaban a continuar. Ni siquiera me lo dijo mi madre, siempre

*preocupada de que no dejara los estudios por distraerme
con mi don espiritual. Al final, los que me guiaron en el difícil camino de encontrar mi misión fueron completos extraños. Gente que ni conocía y que llegaba buscando mi don.*

*A mis dieciséis años, seguí soñando con bailar y actuar,
pero ya tenía claro cuál sería mi misión en esta vida: ayudar a toda persona que llegara a mi puerta.*

*Muy pronto, esa puerta y ese apartamento resultaron
pequeños para tanta visita y tuve que emprender una nueva
aventura: mi primera botánica. Mi misión se extendería
todavía más allá al comenzar a trabajar en la televisión y
llegarle a más almas.*

*Otra de mis grandes misiones en esta vida ha sido unir
a videntes y psíquicos como yo y ofrecerles un espacio donde
puedan compartir sus dones. Así es como nació, muchos
años después, el Templo Espiritual Antahkarana, en el
cual, por primera vez, pudimos reunir a los mejores guías y
consejeros y ponerlos a disposición del mundo. Mi misión
no era entregarme yo solo al servicio del prójimo, sino ayudar a que otros lo hicieran también.*

TU MISIÓN

Todos venimos a este mundo con un propósito. Tu llegada no
fue casual ni accidental y tarde o temprano vas a encontrar esa
misión, aunque a veces te pierdas y te confundas en el difícil ir
y venir de la vida. Tú eres como un barquito de vela, en aguas
revueltas, buscando puerto. Todo buen marinero sabe que serán
las estrellas las que lo guíen, así que no se te olvide mirar al cielo
en busca de respuestas. Con Dios todo, sin Él nada.

Además, tienes que saber que tu misión no será siempre tu
trabajo ni la profesión que elijas ni cómo te ganes la vida. Eso
se llama vocación y es algo muy valioso también para ser feliz
y sentirte realizado. Pero la misión es algo más profundo y más
difícil de encontrar.

TRES PASOS PARA DESCUBRIR TU MISIÓN

El primer paso para descubrir tu propósito en esta vida es que entiendas que *misión significa servir al prójimo*. Misión no es acumular riquezas, ni conocer a tu media naranja, ni llegar a ser el mejor atleta en las olimpiadas. *Misión significa ayudar a los demás, significa servicio y entrega a Dios*. Por ejemplo, si llegas a ser el mejor atleta del año, ¿cómo vas a usar ese gran logro para hacer avanzar a tu gente? Tal vez te dediques a dar conferencias y a motivar a otros jóvenes. Esa será entonces tu misión: inspirar, ser un modelo para otros. Si amasas una gran fortuna con tus negocios, tal vez tu misión sea crear puestos de trabajo, o dar a tus clientes un buen producto, o mejorar la economía de tu ciudad. Todo gran logro se refleja en servir al prójimo, y esa es precisamente la misión de todos nosotros: *servir*.

El segundo gran paso para encontrar tu misión es *saber quién eres*. A duras penas vas a hallar tu razón de vivir, tu norte, si no sabes de qué estás hecho y cómo has llegado donde estás. Para responder a esta difícil pregunta, tienes que conectarte con tus raíces, tu cultura, tu gente. Eres el producto de miles de años del amor incondicional de Dios. Eres único y tienes una misión única en esta vida. Dios te necesita para completar ese plan cósmico perfecto que tiene para este mundo. Eres una pieza clave. Cuando comprendas todo esto, descubrirás cuál es tu propósito en esta vida.

El tercer paso es *escuchar las señales de Dios*. A veces son muy sutiles, como un número que se repite en tu vida o un consejo que te dio tu abuela antes de morir. En otras ocasiones, son muy claras, como la gente que llegaba a mi puerta sin apenas conocerme. De cualquier modo, tienes que ser receptivo y aprender a leer esos mensajes que Dios te envía.

¡Pero cuidadito! No te confundas con los ruidos y las distracciones que amigos y familiares causan a tu alrededor. Es fácil caer en el error de pensar que la misión de tu amiga o de tu novio es la tuya y que las opiniones o verdades de tu compañero de trabajo son las tuyas. *Cada cual tiene su destino y tú tienes el tuyo, que es único e irrepetible.* No te dejes arrastrar por los comentarios, opiniones, celos, chismes o sueños de los demás. Tampoco te dejes envolver por el ruido de las redes sociales, donde te la pasas viendo qué les gusta a los demás, en qué pasan el tiempo o qué les preocupa. Las redes son un buen vehículo para mantenernos unidos e informados, pero no dejes que te llenen la cabeza de pajaritos.

Las mejores armas para protegernos de ese ruido que nos rodea y nos impide encontrar nuestro propio camino son *la oración y la meditación.* Por eso yo te obsequio este pequeño ritual, para que encuentres el nivel de energía y el silencio que te revelen tu misión.

Una vez te sea revelada, no dudes, no mires atrás ni dejes que nadie te haga cambiar de opinión. Repite con firmeza: Con Dios todo, sin Él nada.

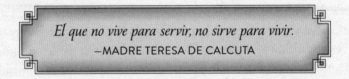

El que no vive para servir, no sirve para vivir.
—MADRE TERESA DE CALCUTA

RITUAL PARA ENCONTRAR TU MISIÓN

Hazle un pequeño altar a Santa Clara. Su nombre ya lo dice todo: claridad. Esta querida santa es la que en muchas ocasiones ayuda a ver la diferencia ante las dudas y a iluminarte cuando buscas una respuesta. Para crear su altar, coloca un pañuelo blanco sobre una mesita, sobre el pañuelo pon una figura o imagen de la santa y una veladora blanca, coloca también una copa con agua y vierte una clara de huevo dentro. Una vez terminado el altar, recita una oración durante nueve días consecutivos. Y cada martes cámbiale las flores, el agua y la clara de la copa. No dejes que las energías se marchiten junto a Santa Clara y verás cómo hallarás la respuesta a esta y otras preguntas en tu vida.

UN CRISTAL PARA VER MEJOR

Las energías de los cuarzos también pueden ayudarte a encontrar tu camino. Te recomiendo el citrino, bien sea ensartado en un colgante, anillo o pulsera, o un pedazo que cargues en tu mano cuando te sientas a meditar. Pero tiene que estar en contacto con tu piel. El color del citrino varía de amarillo a anaranjado. Si lo expones al sol, sus rayos son verdaderos estimulantes de tu mente, de tu intuición, y ayudan a mantener tu cabeza despejada. El citrino aporta mucha claridad y sirve de puente entre tu conciencia y tu alma, entre lo terrenal y lo celestial. Es un cristal que atrae el silencio y la concentración.

Todas estas cualidades de luz pueden ayudarte a la hora de meditar sobre tu misión en la vida.

El feng shui también le atribuye a este bonito cuarzo la longevidad, la felicidad, el optimismo y la estabilidad. El citrino es ideal para mantener a raya esos pensamientos negativos que ni hacen ni te dejan hacer, y te permitirá ver más allá de tus creencias y convicciones.

LOS ARCANOS Y TU MISIÓN

Según la tradición, nuestra misión se esconde en uno de los veintidós arcanos mayores que componen el tarot. Para dar con esa carta, usa la magia de tu mente. En este mismo momento quiero que cierres tus ojos y te concentres en un número del uno al veintidós. Puede ser tu número de suerte, en el que siempre piensas, u otro diferente que te llegue ahora a la mente. ¡Ah, pero que no pase del veintidós! Una vez tengas tu número, busca tu arcano equivalente en la lista que encontrarás al final de nuestro libro. Y prepárate para descubrir tu verdadera misión en este mundo.

Ahora, escribe el final de este capítulo. Anota en este espacio cuál crees que podría ser tu misión en la vida, cómo te gustaría servir y serle útil al mundo con lo que Dios te ha dado. Cuando termines de escribirlo, recita la siguiente frase para sellar lo escrito:

"Esto que escribo y pido aquí, queda sellado y se hará realidad con el poder y la ayuda de mis seres de luz. Amén."

_____
_____
_____
_____
_____
_____
_____
_____
_____
_____
_____
_____
_____
_____
_____
_____
_____
_____
_____
_____
_____
_____
_____
_____

4

CREER EN TI

Querer es poder,
y creer es poder.
—EL NIÑO PRODIGIO

Mi misión estaba clara: ayudaría al prójimo con mi don. Pero me faltaba subir otro peldaño para llegar a la magia del LEREGO. Una cosa es que sepas para qué sirves, otra, que no dudes que lo puedes hacer, porque la duda mata.

Solo creyendo en ti podrás LEvantarte de tus malos episodios. Solo teniendo fe en ti podrás REnovarte y cambiar lo que no funciona y poner nuevas cosas en tu vida. Y deja que te cuente que cuando te tienes fe y crees en ti, el GOzo que sientes es casi tan bello como cuando tienes fe en Dios. Amar a Dios y amarte a ti mismo es muy parecido. Creer en Dios y creer en ti es un GOzo inmenso.

Ahora te voy a decir cómo logré creer en mí y en mis capacidades. Aquí te lo cuento en este otro pedacito del relato de mi vida.

—¡Ya llegué de la escuela! —le gritaba a mi madre, entrando al apartamento y aventando mi mochila en un rincón.

Las señoras que esperaban en la sala me saludaban con

cariño. Casi no cabían en el sofá y las sillas que mi madre había puesto en un círculo. Yo escuchaba en cuerpo y alma sus penas de amores, discusiones con sus hijos y sus problemas en el trabajo. Con ayuda de mis santos, mis hierbas y mis cartas, les buscaba luz al final del túnel, les mostraba esperanza y guías. Les daba fuerza para cambiar su suerte y acercarse más a Dios. "Con Dios todo, sin Él nada", les hacía repetir en voz alta al concluir cada sesión. Yo solo era el vehículo. Yo sabía cómo canalizar esas energías de Anaísa, San Miguel y el Gran Solier.

Los martes y jueves recibía visitas hasta las nueve de la noche, y algunos viernes hasta las tres de la madrugada. Atendía a cada buen ser que llegaba a ese apartamentico, uno por uno. Los demás días los dedicaba a estudiar y terminar mi secundaria. Era buen estudiante y no quería romper la promesa que le había hecho a mi madre: me iba a graduar.

Así cumplí dieciocho años y nos mudamos a un apartamento un poco más grande. Ni aun así cabían todas las almas que buscaban al Niño Prodigio.

Mis amigos me aconsejaban que abriera un lugar para atender a mi gente. Me daba miedo. ¿De dónde sacaría para la renta? ¿Dónde encontraría un lugarcito? En Nueva York los locales escasean. Un día los ponen en alquiler y al día siguiente ya volaron. Visto y no visto. ¿Y quién me iba a tomar en serio a mis dieciocho años recién cumplidos? Además, yo solo trabajaba por pura voluntad. Todo el que me buscaba sabía que me podía dar lo que pudiera. No ponía precio.

Fue para entonces cuando mis seres de luz me dijeron: "Abrirás un templo espiritual, un lugar especial en el cual la gente será bienvenida y podrás ofrecer toda la sabiduría y costumbres de tus raíces. Un sitio mágico donde ocurrirán grandes milagros". Anaísa me decía que esa sería su casa, su lugar oficial donde el amor reinaría.

Recuerdo una tarde de domingo que, confundido con mi futuro, me fui a la playa y me quedé embobado, mirando las olas y el azul del cielo que se fundía con el azul de las aguas. "¿Cómo un templo o una botánica si no tengo dinero y no sé si podré con esa responsabilidad?". Esos eran mis pensamientos, mirando el horizonte, mientras la voz de Anaísa me insistía en que tendría mi propio templo.

Como no encontraba la respuesta, ni la fortaleza para creer en mí, regresé a casa. En el camino me encontré con una buena amiga que iba a comprar algo a una bodega del barrio y decidí acompañarla. En la tiendita, en un pizarrón junto a la caja registradora, tenían unos números apuntados de precios de productos. De pronto pensé: Voy a creer en mí. Saqué los únicos cinco dólares que llevaba en el bolsillo y compré un boleto de lotería con esos números. ¡Y me gané un premio! ¡Gané seis mil dólares esa misma tarde!

—¡Mamá, ya tengo con qué abrir mi botánica!

Entré entusiasmado a mi casa, para darle la gran noticia.

—Cuando te toca, aunque te quites, y cuando no te toca, aunque te pongas —me respondió mi madre con esa frase que tanto me gusta a mí.

Y me tocó, pero doble. Porque justo esa semana una cantante llamada Safo, que tenía una botánica en Brooklyn, me llamó y me dijo que la traspasaba de dueño. El lugar quedaba lejos, pero su mercancía era muy buena, así que llegamos a un acuerdo y con mi dinerito recién ganado le compré todos sus productos.

Con mi apartamento lleno de santos, velas y hierbas, me puse a buscar un sitio para alquilar, y rapidito encontré uno por la Avenida Jerome, cerca del Yankee Stadium. Era un lugar grande que ocupaba un cerrajero en un viejo edificio. El hombre solo ocupaba parte del espacio, así que me cobraría mil dólares al mes por la otra mitad. La renta incluía todo y el buen hombre me sorprendió con su bondad y me permitió pagarle al final de los treinta días. Así que, rapidito, moví todas mis cajas para el local y comencé a acomodar la mercancía, con poco dinero pero muchas ganas de trabajar.

—Estás loco. Para abrir un negocio exitoso necesitas al menos tener ahorrada la renta de un año —me desanimaban algunas personas—. Estás muy joven, te vas a arruinar, no vas a poder...

—Si me va mal, cierro la puerta y se acabó —les contestaba, guardando una copia del recibo con el que gané la lotería en mi cartera. Esa era la prueba de que estaba en el camino correcto. Ese pedazo de papelito y esos seis mil dólares me devolvieron la fe en mí mismo.

LA LLAVE DEL ÉXITO

Tenía fe en que todo iba a ir bien. Lo que me faltaba era acondicionar el lugar. El piso y las paredes estaban muy deteriorados y los contratistas de la zona me pedían mucho dinero. Alguien me recomendó que llamara al señor Ramón y en cuanto nos saludamos, llegamos a un acuerdo.

—Mire —me dijo Ramón, muy honesto—, realmente con tres mil dólares solo me alcanza para materiales y poco más. Además de los pisos, tenemos que cambiar la instalación eléctrica. Pero me cayó bien usted y creo en los misterios, así que lo voy a ayudar.

¡Este señor fue caído del cielo! El señor me hizo un trabajo excelente y me dejó mi tiendita bella.

A las pocas semanas, don Ramón vino a dar las gracias al altar que él mismo había construido con sus manos.

—No lo va a creer, Niño, me llamaron para una contrata grandísima en otro edificio que llevaba tiempo intentando conseguir. Por esta razón le volví a dar gracias a La Misericordia —me dijo emocionado.

—Dios paga las bondades de maneras inesperadas,

*amigo, y usted sembró y cosechó —le contesté con infinito
agradecimiento.*

Y así, junto a una vieja cerrajería, en una concurrida
calle del Bronx y sin ninguna duda en el horizonte, abrí mi
primera botánica un sábado, 29 de junio de 1991. La llamé
Botánica Anaísa y sus 7 Vueltas. Todo esto a mis dieciocho
años, en mi nuevo país; una nación que te enseña a creer en
ti. Por esos días me había graduado también de la secundaria. Otra gran promesa cumplida.

A la pequeña fiesta de apertura de la botánica asistie-
ron muchos amigos y creyentes. Entre el ruidoso y divertido
grupo se encontraba una señora muy seria. Silenciosa y
observadora, se movía de un lado a otro hasta que encontró
un momento para hablar conmigo a solas. Ella era "caballo de misterio". Así llamamos en mi tierra a las personas
que sirven de vehículo a los espíritus. La mujer me tomó
muy fuerte la mano, y mirándome a los ojos, me dijo: "San
Pedro está aquí contigo hoy. Viene a bendecir tu botánica
y a reforzar la fe en ti mismo". San Pedro es el guardián de
la puerta celestial, el custodio de las llaves del cielo. ¿Sería
otra vez pura casualidad? Miré al cerrajero y a todas sus
llaves en un rincón del local compartido y miré el calen-
dario clavado en la pared: 29 de junio. Sonreí. El 29 de
junio es precisamente el día del apóstol Simón Pedro. Día
de San Pedro.

Desde entonces, en esa fecha me gusta regalar una llave
a amigos y conocidos para que también a ellos se les abran
las puertas como a mí se me abrieron las de mi botánica
ese día.

Gracias, San Pedro bendito.

Hoy, Botánica Anaísa y sus 7 Vueltas lleva funcionando
veintiséis años en el mismo lugar. Mi madre y mi familia la
abren cada mañana y entre conversaciones y chistes, y el
cariño de la gente del barrio, mi misión continúa.

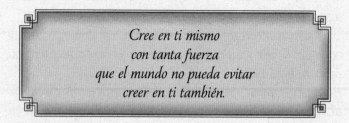

Cree en ti mismo
con tanta fuerza
que el mundo no pueda evitar
creer en ti también.

Sé que mis santos me ayudaron en esta gran aventura de mi vida; mi madre y ese boletito de lotería también. Pero al final del día, fui yo quien me lo creí. Fui yo quien firmé el alquiler de la tienda, quien compró las cajas, quien aprendió a hacer facturas y declarar impuestos, quien organizó productos y estanterías. Si no crees en ti, ni los mismos santos te van a poder levantar de tu miseria.

Nadie va a hacer nada por ti si no estás dispuesto y disponible para que suceda. Los rezos, los rituales y tu fe harán más fácil el camino y te ayudarán enormemente a no salirte de la vereda. Tu fe en Dios será tu inspiración. Tus santos serán tus protectores. Pero tú y tú solito eres el motor. Si te quedas pensando, *Lo voy a hacer, lo voy a hacer*, y no lo haces, ni San Pedro con todas sus llaves podrá abrirte la puerta de tu negocio o de tu oportunidad.

¡Ah! Y un consejito que aprendí con este capítulo de la botánica en mi vida: si tienes un plan, no lo cuentes. Ejecútalo primero, y después llama a tus amigos para compartirlo y celebrarlo. Cada vez que lo cuentas, un poquito de la fe en ti mismo se pierde. Es un efecto extraño. Además, das paso a que entren esas voces negativas y tóxicas que son tan dañinas.

En cuanto al mundo de los negocios, aprendí otra buena lección: no hay nada escrito. No hay fórmulas mágicas para triunfar. Aunque hay algunas reglas básicas, que es bueno conocer, no son infalibles. En los negocios, como en el amor, todo vale (o casi todo) y tienes que ir inventándote tu propio caminito.

Dicen que si tu negocio supera los cinco años ya lo lograste. Con mi botánica voy para veintisiete.

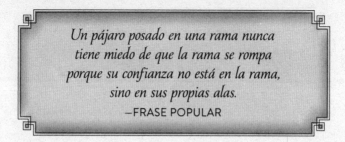

*Un pájaro posado en una rama nunca
tiene miedo de que la rama se rompa
porque su confianza no está en la rama,
sino en sus propias alas.*
—FRASE POPULAR

MEJOR PEDIR PERDÓN QUE PEDIR PERMISO

Esta frase me fascina: "Mejor pedir perdón que pedir permiso". Porque este mundo es de los atrevidos. En el mundo de los negocios lo expresaría así: Mejor pedir un préstamo que quedarse con las ganas.

Si no me hubiera ganado la lotería aquella tarde de primavera, me las habría ingeniado para pedir un crédito. Pedir préstamos es un buen ejercicio para empezar a creer en ti mismo. Te obliga a ponerte en movimiento para pagarlo. ¡No te queda otra! Con dudas no pagas deudas. Si el banco te lo niega, búscate doce amigos que cada uno te preste $500. Trabaja. Ahorra. Vende algo de valor que guardes en casa. Sacrifica. Al final del día, ese gran sacrificio te obligará a creer en ti. Vendas tomates, libros, casas o te vendas a ti mismo ante los ojos del mundo como maestro, doctor o secretaria, tienes que creer en ti.

Como dice el libro *El vendedor más grande del mundo* de Og Mandino: "Proclamaré mi singularidad al mundo. Nadie venderá como yo. Promoveré esa diferencia". Para creer en ti, necesitas entender que eres único. Dios te hizo así. Eres irrepetible. Nadie puede ser mejor en lo que haces porque solo tú eres TÚ. Cree en ti. Amén.

> *Imposible no es un hecho, es una opinión.*
> *Imposible no es una declaración, es un reto.*
> *Imposible es potencial. Imposible es temporal.*
> *Imposible no es nada.*
>
> —MUHAMMAD ALI

En este espacio quiero que compartas tu viaje por el difícil camino hacia la autoestima. Escribe en mayúsculas las palabras CREÍ EN MÍ, y debajo cuéntame un capítulo de tu vida donde creíste en ti mismo. Después escribe NO CREÍ EN MÍ y me cuentas otro cuando no creíste. Luego compara esos dos momentos y medita.

Cuando termines, repite estas palabras varias veces, con convicción:

SOY
TENGO
PUEDO
QUIERO
CREO

Solo si sientes que lo tienes, lo puedes, lo quieres y te lo crees, vas a alcanzar eso que deseas y vas a llegar a las vibraciones de la magia del LEREGO. ¡Escribe!

_____

_____

_____

_____

_____

_____

_____

_____

_____

_____

_____

_____

_____

_____

_____

_____

_____

_____

_____

_____

5

EL ARTE DE LA VISUALIZACIÓN

Lo que piensas es en lo que te conviertes.
La mente lo es todo.
—BUDA

El poder de la mente es infinito. Tan poderoso casi como el poder del alma. Y los dos, mente y alma, van de la mano. No puedes tener un alma fuerte que se apoye en una mente débil llena de pensamientos negativos. Si tienes una mente débil o pesimista, no podrás hacerla convivir con un alma de luz y optimismo.

Lo que puedes hacer para mantener esa mente sana, y que no te desvíe de la luz de tu alma, es practicar el arte de la visualización. Ya sabes que visualizar es ver en tus pensamientos aquello que quieres atraer a tu vida. Imaginarlo, pensarlo, verlo y sentirlo, para que un día llegue. Visualizar es el arte de hacer que las cosas se materialicen o sucedan con la energía que provoca tu mente.

La visualización es también el camino más corto para llegar a la magia del LEREGO. Si estás tocando fondo, la visualización te dará los ánimos que necesitas para LEvantarte. Visualizar al detalle lo que más anhelas será tu motivación para REnovarte, para encontrar nuevos caminos y lograrlo. Y visualizar te produce tremendo GOzo cuando lo practicas, porque visualizar no es más que saborear en tu mente lo que quieres que luego llegue a tu vida. El simple hecho de sentarte a imaginar cómo será el día de tu boda, o qué sentirás cuando estrenes tu carro nuevo, te llenará de GOzo y dicha, como si ya estuviera pasando.

Ahora, en mi último relato sobre mis experiencias de cómo llegué a ser quien soy y cómo llegué hasta ti con este libro, te quiero contar cómo la visualización fue el último ingrediente que me puso donde estoy hoy y me llevó hasta el LEREGO.

QUIERO SER COMO ESE SEÑOR

"Eres el nuevo Walter Mercado. ¿Te molesta que te lo diga?",
me comentan muchos televidentes dondequiera que vaya,
bien sea en un supermercado de Chicago o en el aeropuerto
de Los Ángeles. Siempre respondo lo mismo: "¿Cómo me
va a molestar que me compares con alguien tan talentoso y
emprendedor y que supo llegar tan lejos?". Lo que muchos
desconocen es que fue Walter precisamente uno de mis mo-
delos a seguir en esta vida.

Llegué de República Dominicana a Nueva York a los
catorce años un 10 de mayo de 1986. Lo primero que hice,
como todo adolescente, fue prender la televisión. Y ahí es-
taba ese señor, con su capa y sus anillos, guiando con su luz
esotérica a millones de televidentes. ¡Justo lo que yo hacía
desde pequeño, pero con la magia de la televisión! Me im-
presioné tanto que, a partir de ese día, me quedaba despierto
todos los viernes para ver su programa especial a las once de
la noche. Sin pestañear, tomaba nota de su capacidad de
comunicar, de explicar cosas complicadas y hacerlas sonar
tan sencillas. Me fascinaba ver cómo ponía el don que Dios
nos ha regalado al servicio de muchos.

—Mamá, voy a ser como él, pero sin la capa —le decía
a mi madre antes de meterme en la cama.

Al cerrar los ojos, antes de dormir, me veía en un estudio
de televisión, con luces y cámaras apuntándome. Veía a los

técnicos pasar y arreglar cables y focos. Imaginaba palabra por palabra lo que iba a decir cuando me dieran la señal. Recreaba en mi mente cada instante de lo que sería mi trabajo en unos años.

A la mañana siguiente, me ponía mis botas de nieve, mi chamarra y mi gorro de lana y salía por las calles del Bronx a comprar el mandado con mi madre, pisando esas aceras heladas con los ánimos en alto. El recuerdo de esas luces del estudio me ponía de buen humor y me hacía olvidar el frío. A esa edad, no tenía ni idea de la técnica de la visualización, ni se hablaba mucho de ella. Supongo que algunos nacemos con esa capacidad de ver y plasmar en imágenes lo que luego deseamos convertir en realidad.

Dicho y hecho, o mejor: "visto" y hecho. Pocos años después, cuando ya había logrado establecerme como guía espiritual en el Bronx, sonó el teléfono de mi recién inaugurada botánica. Era un reportero local de Univision que había escuchado de mi trabajo y me quería entrevistar.

—Muy bien, pero mi única condición es que antes te dejes consultar por mis misterios.

El periodista aceptó de buen gusto, y tras las presentaciones, inicié la sesión.

—Muchacho, regresas a tu país, Chile, donde te van a ofrecer un súper trabajo —le dije cuando los espíritus me lo comunicaron.

El reportero sonrió y me contestó que en Nueva York le estaba yendo muy bien, que no tenía planes de regresar a su país. Antes de que mi entrevista saliera al aire, al periodista le llegó una oferta laboral de la dirección de un canal de noticias en Santiago de Chile y aceptó. No alcanzó a presentar mi nota en Univision y mi segmento pregrabado se transmitió después de su partida. Así de rápido.

Y con igual velocidad, José Blanco, productor del programa Fuera de serie, *me buscó tras ver esa primera entrevista con el reportero chileno. Celinés Toribio fue la*

*encargada de visitarme con las cámaras del divertido pro-
grama en mi botánica. Le dije que la veía viviendo y trabajando en Hollywood y que a su presentadora, la guapa
Sofía Vergara, también. Hoy las dos residen en Los Ángeles
y siguen triunfando en sus carreras.*

*En esa entrevista con Celinés, recuerdo que les mostré
mi ritual del zapatazo: escribes en un papelito el nombre
del galán que quieres conquistar, lo colocas dentro de tu zapato derecho, te pones de pie y das tres zapatazos en el piso
con fuerza y firmeza. Tendríamos que preguntarle a Sofía si
fue así como enamoró al guapérrimo de Joe Manganiello.
O tal vez fue Joe quien le bailó flamenco a la exitosa colom-
biana hasta conquistarla.*

*Ese mismo año, 1999, el canal 41 de Univision en Nueva
York me invitó a presentar mis predicciones de la llegada
del nuevo milenio, el famoso Y2K. Fui, como siempre, muy
honesto con los mensajes que me llegaban de mis santos: en
el cambio de siglo no iba a suceder absolutamente nada. De-
jaríamos el siglo xx de manera pacífica, aunque veía ataques
más adelante en Nueva York y un terremoto devastador en El
Salvador. Tristemente, ambas predicciones se cumplieron al
año siguiente.*

*A otra productora de Fuera de serie, María García
Márquez, le dije una tarde cuando estábamos grabando:
"Vas a tener tu propio show, vas a tener tu propio programa". María me prometió que si ese show se daba, yo
sería uno de sus primeros invitados. Poco tiempo después,
María me llamó; iba a comenzar el programa matutino
Despierta América. El primer programa se transmitió un
lunes, y ese viernes ya estaba celebrando con María y todo
su equipo en vivo. Esa fue mi primera vez en los estudios de
Univision en Miami. Hasta entonces me habían entrevis-
tado en otros lugares. Me trasladaron por avión para la ocasión como a toda una estrella, y para no decepcionarlos, me
vestí con un look estilo Locomía, con volantes, muy torero.*

Cuando entré al recién estrenado estudio, todo me vino a la mente: ¡yo ya había estado ahí! Ya había caminado por esos pasillos, y me había sentado en esos sofás. Ya había conversado con los técnicos que me ayudaban a ponerme el micrófono. Porque en mis visualizaciones ya había construido cada detalle y cada paso para que esto sucediera.

Cuando me dieron el conteo para salir al aire, por primera vez en mi vida en vivo en un programa nacional, lo único que tenía en mi mente era aquel muchachito de catorce años, recién llegado a Nueva York, viendo la televisión los viernes.

Esa mañana, en Despierta América, me pidieron una receta para atraer dinero. Con entusiasmo, mezclé partes iguales de perejil, albahaca, menta y yerbabuena en un litro de agua caliente, y les indiqué cómo darse un baño de bonanza.

Esa receta tan sencilla y eficaz fue el principio de mi larga relación con Univision, llena de buenas experiencias y prosperidad para todos. Y es que las recetas de la bisabuela nunca me fallan.

La siguiente llamada fue de Cristina Saralegui, quien me invitó a participar en uno de sus programas junto a diferentes brujos, psíquicos y expertos en espiritualidad y esoterismo. Yo recién había cumplido veinte años y era el más joven de todos. Aunque manejaba muy bien las cartas, los santos y otras prácticas, inmediatamente me di cuenta de que al arte de la visualización hay que sumarle el de la preparación. Dios te da un don, pero es tu trabajo pulirlo, depurarlo y estudiarlo. Es como el cantante de ópera que tuvo la suerte de nacer con unas cuerdas vocales envidiables, pero que si no las ejercita y estudia música, difícilmente llegará a cantar en otro lugar que no sea el cumpleaños de su prima.

Ese es el gran error. Muchos no entienden que visualizar sin prepararse no funciona. ¡No sean flojos! Quiero, quiero,

quiero. Pedimos pero no movemos un dedo para lograrlo. El Universo te escucha, pero los milagros los hace únicamente Dios, y solo Él decide cuándo. Con Dios todo, sin Él nada (nunca me cansaré de repetir estas palabras). Y si no estás preparado, Dios no te va a dar nada. Debes prepararte, sembrar y abonar el terreno para que tus visualizaciones echen raíces, crezcan y den frutos.

Con todo esto en mente, regresé a Nueva York y empecé a estudiar más seriamente la astrología científica con la prestigiosa Melba Ortiz en Brooklyn. Me apasionaron tanto esas clases que en menos de un año me sentía cómodo con la materia.

Los astros me acompañaban y podía descifrar ese complejo lenguaje de los planetas. Aun así, sentía que me faltaba algo más para completar mis conocimientos, algo más para poder entender el difícil mundo en el que me estaba adentrando. En una consulta con mi querida Anaísa lo vi claro: me faltaban conocimientos académicos. Me inscribí en el College of New Rochelle y pronto obtuve una beca gracias a mis buenas calificaciones. Estudiando en las noches y los fines de semana, o cuando mi trabajo en la botánica me lo permitía, me gradué de Psicología con una especialidad en Comunicaciones. Ahora ya me sentía preparado para dar la cara al mundo y transmitirle mis dones. Ya no tenía miedo para que se me cumpliera todo aquello que yo había visualizado para mí.

A la televisión le siguió la radio y hoy por hoy llevo más de veinte años compartiendo con millones de televidentes y radioescuchas en más de diez países todo aquello que Dios me regaló al nacer.

ME LLAMO HARVARD

Cada uno de nosotros encuentra su propia receta personal para la visualización. Tú la tuya y yo la mía. No existe una manera única de hacerlo. Tú tienes que encontrar tu propia manera para que te funcione, como le sucedió a uno de mis primos.

Mi primo se cambió el nombre. Ahora se hace llamar Harvard Gabriel. Su sueño era graduarse de una gran universidad y creyó que si todos lo llamábamos así se acercaría un paso más a su objetivo. Harvard no ha logrado ir a Harvard... por ahora, pero desde que decidió que lo llamáramos por el nombre de su gran sueño, su vida dio un giro. Comenzó a relacionarse con otra clase de gente, a mejorar su nivel económico y a acercarse más a esa meta de tener un día su título de profesional colgado en la pared. Harvard se está creyendo y forjando su propio destino.

La gente positiva lo va a entender y va a respetar su decisión de adoptar ese nombre. Otros más mezquinos se reirán, se burlarán de él por ponerse un nombre tan ostentoso. Y no faltará quien piense que no es más que un loco soñador. Sin embargo, la gente con buen espíritu, que vive y deja vivir, comprenderá rápidamente que Harvard solo está manifestando lo que desea para él. Además, la energía de todos aquellos que lo llaman Harvard sin juzgarlo contribuirá a lograr su objetivo, porque algo más poderoso que la visualización es la visualización en grupo. Un arma de incalculable valor.

LA CASA DE MIS SUEÑOS

Para terminar, te contaré cómo la magia de la visualización me dio un techo, una casa que hasta el día de hoy llamo hogar y cobija a mi familia.

Desde que llegué jovencito a Nueva York, me subía en el autobús hasta el final de su recorrido. Esa última parada era en Throggs Neck, una pequeña parte al este del Bronx donde esa zona dejaba su mala fama y se vestía de casas bonitas rodeadas de parques verdes y limpios. Me bajaba en esa parada y, tras observar por largo rato el mar y la pequeña playa donde la gente paseaba en invierno y jugaba en verano, re-

gresaba para tomar el autobús de vuelta a casa. Detrás de la pequeña estación del autobús había una callecita con varias casas de tres plantas. Me desviaba por esa calle y me detenía frente a una de las viviendas. Como un espía secreto, me quedaba mirando la fachada y lo poco que se veía por las ventanas, imaginando cómo sería vivir allí, de qué color era el papel de las paredes, cuántas chimeneas había y de qué madera eran las escaleras. Lo veía todo en mi mente, a todo color y con lujo de detalles. Cuando me cansaba, me dirigía a la parada y continuaba mi aventura por la ciudad.

Pasaron los años, ya tenía mi negocio de botánica funcionando, aunque aún estaba lejos de ganar el dinero que me permitiera comprar una casa como la que quería. Mis ahorritos solo me alcanzaban para algún apartamento pequeño en un barrio económico.

—Niño, te encontré una casa preciosa, pero el precio es de doscientos mil dólares —me llamó un día una amiga que era agente de bienes raíces—. ¿Crees que tengas para el pago inicial?

Rápidamente saqué cuentas. Tenía veinte mil dólares ahorrados. Ni un dólar más. Y con entusiasmo y sin saber cómo me las iba a arreglar le dije que sí.

El primer intento fue en el norte del Bronx. Mi amiga me llevó a ver una casa de tres habitaciones y un bonito patio, pero sin garaje. Como me alcanzaba para el primer pago, le dije que sí, y preparamos los papeles. Un mes más tarde, la dueña se arrepintió y se cayó la compra.

—Oye, ¿no habrá algo por el área de Throggs Neck? —le pregunté a mi amiga, ilusionado, recordando mis sueños de vivir junto al mar, en aquel barrio de casitas bonitas.

—¡Uy, Niño, estás hablando de ligas mayores! Esas casas son caras —me dijo mi amiga que conocía muy bien el negocio en esa zona—. Aunque ahora recuerdo que un señor está vendiendo su propiedad en ese barrio porque su esposa falleció y se quiere retirar e irse a vivir a Italia.

—¿Me la puedes mostrar? —le pregunté esperanzado.

—OK, podemos pasar a verla por fuera, porque la inquilina que tiene el hombre viviendo ahí no deja entrar —me respondió mi amiga para complacerme.

Me llevó hasta Throggs Neck y, para mi total sorpresa, detuvo su auto frente a la casa que durante años yo había soñado que era mía. ¡Casi me desmayo! Al verla sentí que era más mía que nunca. Anaísa siempre me decía que me iba a dar una casa frente a la avenida y que tenía que ponerla a ella frente a la casa, en alto, para que todos la vieran cuando pasaran. Y esta casa de mis sueños estaba justo frente a una autopista.

—No sé, Niño, ¿cómo vas a comprarla así, sin verla por dentro? —me dijo mi amiga, llena de dudas.

—Ni se diga. La compro, la compro. Siento que esta es mi casa —le contesté sin dejarla rechistar—. Dile al hombre que prepare los papeles. Esta casa ya la he visto por dentro y he paseado por cada una de sus habitaciones.

Esa misma semana me pidieron que llevara un cheque de cincuenta mil dólares porque no calificaba para un segundo préstamo para rebajar el pago inicial. ¿Cincuenta mil? Yo solo tenía veinte mil. ¿De dónde iba a sacar treinta mil más en tres días?

Con toda la inocencia del mundo y con la fuerza que me daba la visualización, fui al banco y compré un giro postal de treinta dólares. Y junto con el cheque de veinte mil dólares me fui a mi cita. ¡La cara que pusieron cuando vieron el giro!

—¡Señor Víctor, a esta cantidad le faltan tres ceros! —dijo el abogado totalmente sorprendido.

—No hablo inglés —le contesté muy nervioso, sin saber cómo iba a salir de ese lío. La vergüenza me comía, pero algo en mi corazón me decía que los iba a convencer. Esa era mi casa desde hacía tiempo, al menos en mi mente.

El abogado comenzó a discutir furioso, los del banco

también. Todos hablaban a la vez, y de tanto en tanto me miraban como si yo fuera un loco de atar (que lo era).

—Esto no puede ser, no puede ser —gritaba histérico el dueño de la propiedad—. Mañana regreso a Italia, ¡tengo que cerrar esta venta hoy!

Tras mucho debatir, el banco terminó aumentando mi préstamo original a veinte mil dólares más y el dueño rebajó diez mil dólares del pago inicial. ¡Ahí aparecieron los treinta mil dólares que faltaban! Después de tres horas de puro sufrimiento, firmé las mil firmas que piden y la casa era mía.

Dicen que lo barato sale caro y, efectivamente, mi visualización no me salió gratis. Me mataron con los intereses. ¡Nueve por ciento! Pero ya era dueño de esa casa que veía junto a la parada del autobús. La casita de ladrillos de tres niveles, en un barrio mejor, para que mi madre viviera como una reina y mi querida Anaísa tuviera el hogar en el que todos la vieran al pasar.

En resumidas cuentas, no recomiendo a nadie llegar a comprar una vivienda con un giro postal de treinta dólares. Casi me dio un infarto y fue una locura que todavía no me explico. Pero la lección la aprendimos todos: lo que es tuyo, nadie te lo quita. Lo que ya visualizaste con todo el poder de tu mente y de tu corazón, y con la ayuda de los astros y de tus santos, es para ti. Solo tienes que crear el momento propicio para que suceda. Yo creé ese momento al sentar a todos juntos a pelearse por ese giro de treinta dólares. Por teléfono jamás habrían accedido a cambiar las condiciones del préstamo. Fue la fuerza de la visualización la que me dio el valor para luchar hasta el último minuto por esa casa que ya era mía.

Por cierto, con el tiempo refinancié y bajé el interés a un tres por ciento. Y ni la bendita crisis inmobiliaria me quitó lo que tanto había visualizado. Esa casa sigue siendo mía y de ustedes.

Mi casa, su casa. A la orden.

Y mientras, sigo visualizando otras grandes cosas para mí y para ti, que algún día te contaré.

RITUAL PARA LA VISUALIZACIÓN

Quiero que te compres un cuaderno de tapas amarillas en el que, poco a poco, vas a ir escribiendo tu vida como a ti te gustaría que fuera. Imagina que vas a escribir tu futura biografía en Wikipedia.

En las primeras páginas, anota la palabra PASADO. Debajo, describe lo que ya tienes y todo aquello que te llena de gratitud. Por ejemplo: ya me gradué, ya me casé con alguien que amo, ya fui madre o padre. Es importante que seas agradecido y valores lo que ya tienes antes de empezar a pedirle algo nuevo al Universo.

Después, vas a escribir PRESENTE. Comienza una lista de los objetivos que quieres cumplir a corto plazo: en unos días, en unas semanas o en unos meses. Por ejemplo: volver al gimnasio, limpiar tu clóset, arreglar los impuestos o solicitar un nuevo trabajo. Anota también las cosas de las que te quieres desprender: dejar esa relación que te hace daño, sacar del garaje cosas inservibles, etc. Pero recuerda que todo es PRESENTE, no un sueño a largo plazo.

En las últimas páginas, escribe en grande la palabra FUTURO. Debajo, anota todo aquello en lo que te quieres convertir, los lugares que quieres visitar, la clase de vida que deseas para ti en dos, tres o cinco años. Dónde te ves de anciano, con quién. Por ejemplo: te ves en una casa más grande, junto a la playa, con el amor de tu vida; te ves rodeado de hijos, con estabilidad financiera; te ves viajando por el mundo o invirtiendo en negocios. El futuro lo tienes que ver en grande.

Ese cuaderno amarillo lo vas a poner en un lugar en alto, para evitar energías más pesadas, que siempre van por el piso, y en un lugar bien visible, para que no se te olvide revisarlo. Encima puedes colocar unos cuarzos para que fluya la energía por esas palabras. También puedes poner un puñado de arroz para atraer bonanza. Entre las páginas, te recomiendo que guardes pétalos de rosas rojas o amarillas y deja que se sequen, como hacíamos cuando éramos niños.

Durante los primeros nueve días escribe algo en la sección de tu pasado, presente y futuro. Luego, guárdalo en ese lugar en alto y ábrelo cada veintiún días o el primer viernes de cada mes, lo que te resulte más fácil de recordar. Puedes poner la alarma en el teléfono para no olvidarte.

Cada vez que lo abras, lee todas las páginas, revisa tus objetivos, y si alguno se cumplió, escribe la palabra GRACIAS al lado. Si alguna de tus visualizaciones se te resiste, escribe SÉ QUE VA A LLEGAR.

Deja que este cuaderno se convierta en tu confidente, en tu guía de la visualización.

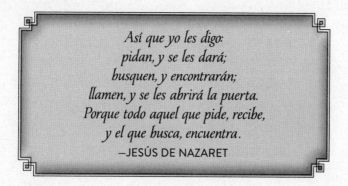

Así que yo les digo:
pidan, y se les dará;
busquen, y encontrarán;
llamen, y se les abrirá la puerta.
Porque todo aquel que pide, recibe,
y el que busca, encuentra.
—JESÚS DE NAZARET

Unos consejos finales
- Cuando visualices, huele, toca, saborea como si el momento ya estuviera pasando delante de ti.
- Olvídate de lo que te diga la gente. ¡Ni caso! Oídos sordos.
- Tú, más que nadie, tienes que creértelo. La palabra mágica es FE.
- No confundas soñar con visualizar. Soñar es traer a la mente cosas casi imposibles (que a veces suceden y a veces no). Visualizar es traer a tu mente cosas y hacerlas posibles.

En la siguiente página en blanco, quiero que comiences a practicar tu visualización de manera más creativa. Recorta fotos de revistas de esas cosas que quieres atraer a tu vida: un avión si quieres viajar, un automóvil, una casa, un vestido de novia. Y pégalas aquí, en esta página que ya es parte de tu historia y la mía.

Yo ya te conté lo que visualicé desde niño y logré atraer y materializar. Ahora te toca a ti.

_____
_____
_____
_____
_____
_____
_____
_____
_____
_____
_____
_____
_____
_____
_____
_____
_____
_____
_____
_____
_____
_____
_____
_____
_____
_____

6

GRATITUD

Ser talentoso te abre muchas puertas.
Ser agradecido te las mantiene abiertas.
—PENSAMIENTO POPULAR

Ahora que ya te he contado un poco de mi vida y de mi magia y de cómo me llegaste a conocer a través de la televisión, quiero compartir contigo otros secretos, misterios y elementos que nos llevarán juntos por el camino del LEREGO. Vamos a empezar por el más importante: la gratitud.

Si me preguntas cuál es la cualidad principal que un ser humano debe tener, te diré que es la gratitud. La gratitud para mí está incluso por encima de otras grandes virtudes, como la generosidad, la honestidad y la valentía, porque si no sabes dar gracias, no sabes nada en esta vida.

Debemos ser agradecidos con Dios, con el Universo, con la vida, con el prójimo y con nosotros mismos. Y precisamente en ese orden. Tienes que ser agradecido hasta por lo más absurdo e inexplicable que te sucede, porque ese contratiempo o esa pena luego te sirve de trampolín para que te suceda algo mejor. Hay que dar gracias hasta por las desgracias, aunque suene de locos. Si te despidió el jefe, dale gracias. Seguro que tu próximo trabajo será mejor y te hará más feliz. Recuerda que de lo malo, sale mucho bueno.

Tienes que agradecer a tus padres, que son los que te regalaron la vida y te trajeron al mundo. Siéntete agradecido hasta del día que llueve, aunque el tráfico se vuelva insoportable, porque esa lluvia llega a limpiar la ciudad y regar los campos.

Dales las gracias al del camión de la basura y al mesero. Al médico y al maestro. Dale gracias incluso a esa vecina pendenciera, siempre pendiente de todo, porque como se la pasa espiándote desde su puerta, tal vez nunca te entren a robar.

Es curioso cómo las personas que la pasan más difícil o tienen menos cosas son las más agradecidas. ¿No debería ser al revés? ¿No deberían agradecer más los que más tienen?

Te voy a contar la historia de una cantante rumana, Lorelai Mosnegutu, que nació sin brazos. Su madre la abandonó al ver su condición y la niña fue adoptada por una trabajadora social. Pero a Lorelai Dios le regaló un bello don: una voz angelical. Lorelai, dando gracias por esa voz, ha llegado a triunfar en el difícil mundo de la canción. Es exitosa porque le da gracias a Dios todos los días; le da gracias por estar viva y poder cantar. Aún más, Lorelai le agradece a su madre biológica, aunque la abandonó, por haberle dado la vida y esa bella voz con la que hace disfrutar a tanta gente. Lorelai no tiene brazos, pero su constante gratitud le da alas para volar alto.

Gratitud es, sin duda, la mejor medicina contra todo mal. La gratitud te cura desde el rencor hasta enfermedades serias. Estudios médicos en importantes universidades dicen que la gratitud es capaz de ayudar a mejorar hasta pacientes de cáncer, de manera todavía inexplicable.

Yo digo que la gratitud es el sentimiento que cura por partida doble: cura al que da las gracias y al que las recibe. Cura al que las recibe, porque siente que sus esfuerzos se vieron apreciados, y cura al que las da, porque al agradecer siente una dicha enorme en su corazón.

LA MAGIA DE LA GRATITUD

La gratitud es el sentimiento más mágico y poderoso de todos. Dar gracias te llena el corazón de dicha. Puedes dar las gracias a alguien y, aunque no te las reciba o no te las devuelva, ya sientes algo bello en tu corazón. La magia de la gratitud es instantánea y siempre funciona. Claro que cuando las gracias son aceptadas se crea una energía doblemente bella entre dos personas.

LOS INGRATOS

¡Dios nos libre de los ingratos! Los ingratos son aquellos que no agradecen cuando los ayudas y hasta te meten el pie para que te caigas. No hay nada más funesto que un ingrato.

En mi andar por la vida, conocí a Margaret, una señora que vivía en Queens. Era muy tacaña con el dinero, pero no era esa su peor cualidad. Su gran problema era su ingratitud. Tenía apartamentos por toda la ciudad y jamás los arreglaba. Obligaba a los inquilinos a vivir como pordioseros. Los inquilinos no le hacían mucho caso aunque le tenían lástima. Pero como eran buenas personas y sabían que la viejita no tenía esposo ni hijos, le llevaban frutas o chocolates en Navidad. Ella agarraba el regalo y, sin mirarlos a los ojos, cerraba la puerta. Era tan miserable que, a pesar de los millones en el banco, se llevaba la sal y la pimienta de McDonald's para no gastar. Al final, la mujer se enfermó y vino un sobrino a cuidarla. El sobrino, al oler el dinero, la puso en un asilo y se las arregló para quedarse con todo. Ese fue el final de su historia de ingratitud: sola, sin dinero y sin amor.

Los ingratos siempre terminan con menos de lo que tienen y con más razones para seguir quejándose.

Porque los ingratos se quejan todo el tiempo y de todo: no puedo, no quiero, no me gusta, no me va bien… no tengo, no soy, no me alcanza… tanto lo repiten que solo viven en esa vibración oscura y sus problemas se hacen más y más reales cada día.

¡Si solo supieran que con gratitud se curarían de esa mala maña y sus vidas se llenarían de luz!

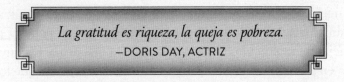

La gratitud es riqueza, la queja es pobreza.
—DORIS DAY, ACTRIZ

FORMAS Y RITUALES PARA DAR GRACIAS

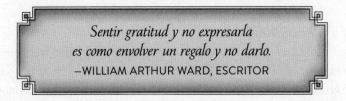

Sentir gratitud y no expresarla
es como envolver un regalo y no darlo.
—WILLIAM ARTHUR WARD, ESCRITOR

Con ser agradecido no basta. Tienes que demostrarlo. Esa vibración dentro de ti tiene que salir y esparcirse por el Universo. Tiene que tocar más almas y corazones. Por eso comparto aquí contigo algunos trucos para que des gracias de manera creativa y sincera.

EL AMULETO DE LA GRATITUD

Dar gracias a Dios, al Universo y a la vida por todas las cosas que tienes y que vives es tan sencillo como elegir un colgante, una foto, una moneda que alguien te regaló, un dije o cualquier objeto que tenga una historia bonita para ti. Algo pequeño que puedas llevar en el bolsillo. Así, cada vez que lo toques, te acordarás de dar gracias.

Cada vez que toques ese amuleto de gratitud, da gracias por la salud de tus padres, por lo que hoy comiste o por el sol que brilla con fuerza. El agradecido nada en la abundancia, en amigos, en dinero, en trabajos, en salud y en el amor.

Hay gente que se cuelga amuletos para atraer la buena suerte, y así conseguir esas cosas que creen que les faltan en su vida. Yo me los cuelgo para dar gracias por lo que ya tengo.

También puedes poner una alarma en tu reloj a las 11:11 de la mañana, o a cualquier otra hora que para ti tenga un significado especial y, cada vez que suene esa alarma, te pones a dar gracias mentalmente. Al poco tiempo, esta práctica se te convertirá en un hábito y ya no necesitarás ni alarma ni nadie que te lo recuerde.

Y para que sepas, el mejor antídoto contra el rencor, la desesperanza, la amargura, la desconfianza, la falta de fe y todas las enfermedades físicas o del alma es la gratitud.

FIESTAS AGRADECIDAS

Cuando es el cumpleaños de esa gran amiga que siempre te ayuda, le haces tremenda fiesta. Cuando tu primo te trae unos encargos de tu país, lo invitas a cenar un delicioso sushi. Y cuando la vida y Dios te dan a manos llenas, ¿cómo lo agradeces y cómo lo celebras?

Dar las gracias celebrando es la mejor manera de poner en marcha todas esas energías mágicas a tu alrededor. Yo, por ejemplo, a mi querida Anaísa le hago una fiesta de agradecimiento por ser mi voz interior y mi guía espiritual. Cada 26 de julio, día de Santa Ana, organizo una gran ceremonia e invito a mis amigos. Todos traen flores y ofrendas y se visten para la ocasión. Yo le cocino un bizcocho delicioso a mi querida metresa y juntos, en medio de mucha alegría, comida y música, le damos gracias por un año más de vida y de amor entre nosotros y el mundo. Esa fiesta nos recarga las pilas de buena energía y nos aleja de pensamientos negativos o bajas vibraciones, y su efecto dura días y días.

Celebrar con gratitud es como una inyección de optimismo y amor. Pruébalo tú. Este fin de semana, sin más excusa que el amor y la salud, haz una fiestecita en tu casa y dile a tu familia que van a dar gracias a Dios, a tu santo o al Universo por todo lo bueno que los rodea.

No tienes que esperar al Día de Acción de Gracias para sentar a todos en tu mesa y rezar una oración. Cualquier día es perfecto para ser agradecido con aire festivo.

En nuestra magia del LEREGO, la gratitud es una pieza clave.

- Con humildad tienes que dar gracias a quien te ayuda a **LE**vantarte cada vez que tropiezas. Bien sea un amigo, un familiar o Dios mismo, con la fe que depositas en él. Al **LE**vantarte, dale gracias al que te tendió la mano.
- En la **RE**novación debes dar gracias por todas esas nuevas oportunidades y nuevos caminos que se abren ante ti. Cuando te llega una idea nueva, una oportunidad nueva, tienes que dar gracias a quien te la trajo o a Dios por abrirte los ojos y mostrarte la solución.
- Y, por último, debes dar gracias con **GO**zo. Este es el mejor momento para ser agradecido por todo lo bueno que te está sucediendo. Da gracias porque sabes disfrutar y **GO**zar. No puedes **GO**zar con plenitud si no agradeces con igual plenitud.

Ahora te dejo tu página en blanco para que des gracias por escrito. Haz una lista de las cosas que tienes en tu vida y por las que te sientes agradecido.

Intenta anotar siete cosas, como las siete vueltas de mi querida Anaísa. Cuando te escuches decir algo negativo o pierdas las esperanzas de que las cosas sucedan, abre nuestro libro por esta página y lee tu lista. Acto seguido, da gracias en siete idiomas:

gracias
thank you
merci
asante
arigato
obrigado
maruru

_____

_____

_____

_____

_____

_____

_____

_____

_____

_____

_____

_____

_____

_____

_____

_____

_____

_____

_____

7

SERES DE LUZ

Es verdad, no es un cuento;
hay un Ángel Guardián
que te toma y te lleva como el viento.
—GABRIELA MISTRAL, POETA

En esta aventura de nuestro LEREGO te tengo buenas noticias: no estás solo. Vas a tener ayuda a lo largo de todo el camino y ni te imaginas quiénes te van a ayudar.

Los sientes, pero no los puedes tocar. Los oyes a veces, pero no los puedes ver. Te gustaría poder explicar qué son, de dónde vienen y cuál es su misión. ¡Pero es difícil hasta ponerles nombre!

Sabes que son seres de luz porque, aunque no sean como Dios, sientes su presencia casi divina. Nos cuidan, nos vigilan y nos acompañan en cada momento, aunque no están en la Tierra. Siento que están más cerca de lo supremo que de lo terrenal.

Esas presencias que van y vienen a tu alrededor son los seres de luz y no puedo recordar una religión o una civilización que no crea en ellos. Lo que cambia es el nombre que les dan. Te quiero contar un poquito de lo que he aprendido de estos seres, fieles compañeros a la hora de LEvantarme, REnovarme y GOzar.

Recuerdo la primera vez que comencé a entender lo que eran esas presencias que sentía tan fuertemente en aquel cuartito del altar de la bisabuela Petronila. Fue gracias a una señora que

estudiaba metafísica. Doña Milagros vivía frente a mi casa en
Santo Domingo. Los sábados reunía a varios chiquillos y nos
daba clases sobre el misterioso Conde de Saint Germain y sus
descubrimientos de la llama violeta. Yo escuchaba embobado e
imaginaba los siete colores de esos rayos de luz que representan
la presencia de santos y arcángeles. La llama azul del Arcángel
Miguel, la blanca de Gabriel, la verde de Rafael y la anaranjada
de Uriel.

Gracias a esta vecina estudiosa de las magias y las ciencias me
di cuenta de que veía esos colores, veía la llama y la luz. Después
de cada clase, me iba solo y frente a mi altar ponía en práctica lo
aprendido. Poco a poco comencé a concentrarme y a distinguir
esas luces provenientes de otra dimensión y ver que no eran todas
iguales.

Hasta el día de hoy, sé cuándo llega un ser de luz. He aprendido a sentir, antes de iniciar una consulta espiritual, a esos seres
que vienen a asistirme. Los siento en mi piel y en mi corazón.
Igual que tú sientes que hay alguien más en la habitación pero
no lo ves, te volteas y ¡zas! Ahí está tu hermano o tu madre, en silencio, mirándote. ¿Cómo sabías que estaba esa persona ahí? De
igual manera yo sé que ese ser de luz llegó y está compartiendo
nuestro espacio. Se siente y no se puede explicar con palabras.
Es tu alma conectando con otra alma. Es tu energía leyendo otra
energía presente. Con el tiempo y mucha meditación comienzas
a distinguir esos rayitos de luz a tu alrededor que te confirman
que, en efecto, lo sentiste y está ahí, junto a ti.

Pero igual que hay seres de luz, hay seres de oscuridad que
también se dejan sentir. Como cuando sientes escalofríos cada
vez que pasas junto a esa puerta al final del pasillo y todavía no te
has podido explicar por qué.

Seres de luz y seres de oscuridad: tienes que saber diferenciar-
los. Cuando llamas o invocas a tus guías espirituales, no puedes
estar enojado, ni estresado, ni en un momento débil, ni dudando
de tu fe o diciendo maldiciones. Si lo haces, corres el riesgo de
invocar espíritus que te confundirán. Los que llegarán a tus rezos

u oraciones no serán tus seres de luz. Por eso es un requisito que estés bien emocionalmente y firme en tu amor a Dios y en tu fe en lo bello de la vida antes de ponerte a buscar esos rayos de luz a tu alrededor. Esto es porque, aunque no lo sepas, tú también eres un ser de luz y tienes que estar vibrando casi a su mismo nivel, si es que los quieres encontrar.

Sí, tú tienes un cuerpo en la dimensión física, pero también un alma, un espíritu iluminado, como el de esos seres de luz de los que hablamos. Un espíritu que un día se desprenderá de lo carnal y ascenderá para brillar junto a los otros seres. En vida, en esta dimensión, debes cultivar tu espiritualidad, y eso te acercará más a Dios y te ayudará a brillar con luz propia incluso antes de que te llegue la hora de tu muerte terrenal. Con cuerpo carnal todavía se puede brillar. Por eso hay guías espirituales poderosos con vida entre nosotros en esta realidad. Personas que conocemos o conocimos, que brillan intensamente e iluminan nuestros caminos. Como el Dalai Lama, o la Madre Teresa, o Nelson Mandela, Mahatma Gandhi, Sai Baba, Joao de Deus (o Juan de Dios) y tantos otros seres de luz de carne y hueso con los que hemos convivido. Son seres muy evolucionados.

Tal vez no llegues a ese nivel tan alto en vida, pero nada te impide acercarte a esos otros seres de luz que te acompañan, visibles o invisibles, y así estar más cerca de Dios y de tu propia luz interior, que sé que tú la tienes.

Ahora quiero compartir contigo mis propias experiencias con nuestros seres de luz: ángeles, arcángeles, iluminados, santos y, cómo no, también nuestros ancestros, siempre guiándonos desde muy cerca. Porque esa abuela o tatarabuela que ya partió a otra dimensión puede ser un foco de luz espiritual tan poderoso como los mismísimos ángeles. Aquí te explico por qué.

ÁNGELES

Ángel significa mensajero de Dios en griego. Y, curiosamente, la figura o el concepto del ángel viene de antes de los tiempos de Jesús, aunque sería el cristianismo el que le daría más importancia. Los ángeles son nuestros más fieles compañeros. Son muchos, pero uno solo se te asigna en el momento de tu nacimiento y será tu guardián de por vida. Tu Ángel de la Guarda te acompaña y te observa, no se despega de ti ni un segundo, pero es difícil sentirlo o detectarlo y no interviene en tus asuntos a no ser que lo invoques y le pidas ayuda. Está ahí para ti, pero de manera muy sutil, y no te hará el trabajo si tú no lo solicitas. Por eso, desde pequeños nos enseñan a rezar: "Ángel de la Guarda, dulce compañía, no me desampares ni de noche ni de día… Ven siempre a mi lado, tu mano en la mía. Ángel de la Guarda, dulce compañía". Aquí le estás pidiendo activamente a tu ángel que te ayude para él poder actuar y extenderte su amparo. Creo que esta pequeña oración tan popular explica muy bien lo que es un ángel. Repítela ahora en voz alta y deja que fluyan las sensaciones por tu cuerpo. Para conectar con tus seres de luz no hay nada mejor que volver a la infancia por unos minutos.

Tu ángel está aquí, junto a ti, mientras lees nuestro libro. Y tiene mil maneras de hablarte, aunque no te des cuenta. Por ejemplo, cuando buscas tus lentes y aparecen en la mesa donde miraste mil veces. O cuando todos están hablando y de repente se callan a la vez y por un breve instante todos se miran, sonriendo, con esa sensación de paz. O cuando estás a punto de dormirte y sientes un suave viento en tu rostro por un segundo. O cuando vas caminando por la calle y te invade un sentimiento de felicidad sin motivo alguno. Los ángeles te hablan todo el tiempo, aunque ni cuenta te des.

ARCÁNGELES

Un arcángel viene siendo el jefe de los ángeles, de todos los mensajeros. Los arcángeles son los intermediarios más cercanos a Dios. Los principales arcángeles que se repiten en distintas religiones son: Arcángel Miguel, príncipe de la corte celestial; Arcángel Rafael, protector de la salud y del amor; Arcángel Uriel, encargado de los templos de Dios; y Arcángel Gabriel, principal mensajero celestial que le lleva los mensajes más directos al Señor.

Luego, existen otros tres arcángeles un poco menos conocidos, pero que igualmente tienen su importante misión: Arcángel Jophiel, Raziel y Zadquiel.

El Arcángel Miguel, en el culto de Las 21 Divisiones, es el marido de Anaísa. Siempre se coloca a Miguel junto a la figura de Santa Ana. Se lo conoce como Belié Belcán y para mí ha sido fiel compañero de mis experiencias espirituales. Miguel significa "quién como Dios". Le celebro una fiesta todos los 29 de septiembre, el día de todos los arcángeles, pero se la dedico a él, porque él es quién me guía a la hora de dar consejos, de pedir protección o de alejar cualquier mala vibración que se me acerque.

SANTOS

Los santos fueron personas en la Tierra que tuvieron su misión y la cumplieron. Fueron gente como tú y yo, a quienes Dios les dio esa virtud de curar, de hacer milagros, de hacer grandes cosas por los demás en nombre del Señor. Son personas que Dios puso en la Tierra para darnos lecciones, dar la mano al caído y LEvantarlo. Luego, una vez cumplen su cometido, regresan a la presencia de Dios.

A mí me tocó conocer a una santa en vida cuando era niño. Fue la Madre Teresa de Calcuta, en su visita a Santo Domingo en 1982. Yo iba a cumplir once años y asistía a Santa Clara, la escuela de las Hermanas de la Caridad, la orden que ella fundó por todo el mundo. Ese día nos sentaron a todos los niños en el piso frente al altar de la iglesia para recibirla. Cuando ella pasó, le agarré el manto. Madre Teresa se detuvo, me miró y, poniéndome sus manos en la frente, me dio la bendición. Sentí algo maravilloso, tan fuerte que aún lo recuerdo. Fue una ola de paz, de relajación, una magia sagrada que nunca he olvidado. Sentí que ella puso en mí algo especial. Podría decirte que desde ese momento me volví más prodigioso. Su rostro, su bondad y su pausa al caminar no se me borrarán jamás.

Hoy ya no es Madre Teresa, sino Santa Teresa de Calcuta. Sé que sigue con nosotros desde allá arriba. Los santos fueron de carne y hueso una vez, pero siguen muy presentes en nuestras vidas después de que Dios decide llevárselos por haber cumplido ya su misión en la Tierra.

Cada santo tiene una misión aquí en la vida terrenal y en su vida eterna espiritual. Desde esa otra dimensión siguen guiándonos y ayudándonos. Santa Clara te trae claridad a tu vida. San Judas Tadeo es el abogado defensor que te asiste en casos legales, San Martín de Porres es el santo de los pobres, a quien se le pide cuando hay escasez de dinero y comida. A San Expedito le rezas para los negocios y el dinero. A San Antonio de Padua le pides que llegue el amor a tu vida.

Los santos se manifiestan en nuestras vidas de muchas maneras. Los sientes y ves peticiones cumplidas. Sabes que cuando les rezas, te escuchan y sientes esa comunicación muy íntima.

Los santos nos han acompañado a través de los siglos en nuestras bellas tradiciones católicas, pero ahora se han extendido a otras prácticas religiosas y se han mezclado con otras creencias. Los santos son estudiados y admirados por muchos otros grupos espirituales.

ILUMINADOS

Yo llamo iluminados a seres que no pertenecen o pertenecieron a ninguna religión específica pero que en vida alcanzaron grandes niveles de espiritualidad y entendimiento. Al morir, han quedado como verdaderos guías y maestros que continúan su labor de iluminar desde más allá. Son muy similares a los santos. Sería el caso de los budas, yoguis, monjes, profetas o de cualquier ser humano que haya alcanzado vibrar tan alto en esta vida. Como te mencionaba, buenos ejemplos de iluminados serían Gandhi, Mandela, Joao de Deus y, para algunos, hasta el profeta Mahoma.

ANCESTROS

Hay unos seres de luz mucho más cercanos a ti. No son mensajeros de Dios ni han hecho grandes cosas en vida, como los santos o los iluminados. Son simplemente sangre de tu sangre y carne de tu carne. Son tus familiares que llegaron a este mundo antes que tú y ya partieron a su nueva dimensión. Algunos pasaron a mejor vida hace decenas de años, otros los llegaste a conocer y se acaban de ir hace poco. Ellos han sido humanos normales como tú y han tenido cuerpo también. Han vivido lo mismo que estás viviendo: tristezas, alegrías, penas, dolor. Por eso son grandes guías. Además, algunos te conocen tan bien que por eso pueden servirte de gran ayuda, ahora que ya están en una dimensión más elevada.

De todos los guías espirituales y seres de luz que puedas tener, un ser querido tuyo o un ancestro será el más práctico y directo. Ellos velan por ti y te ayudan aunque no les pidas ni los invoques. Ellos te entienden y saben cómo comunicarse contigo mejor y conectar inmediatamente. Son también los seres de luz que intercederán por ti ante los otros seres más elevados, como los arcángeles o los santos. Tus ancestros son tus mejores aliados en ese mundo espiritual donde un día te reunirás con ellos.

Sé que para muchos hablar de "sus muertos" es tema incómodo o les da cierto temor. Pero nuestros muertos son nuestra línea de vida, nuestras raíces, y no puedes ni debes olvidarlos. Sería un gran error tirarlos al pozo del olvido. Tienes que honrarlos, recordarlos y tenerlos muy presentes. Con alegría y sin penas ni lutos. Mira la tradición mexicana tan preciosa del Día de los Muertos. A los seres queridos se les lleva música, comida y bebida a sus tumbas. Se baila y se canta y se honra su memoria de la manera más bella y alegre. Ahora, aquel ser que adorabas está más cerca de Dios y te ayuda desde allá. Es algo que tienes que celebrar.

Y recuerda que la verdadera muerte es el olvido. Si los olvidas, mueren de verdad y no te podrán guiar ni amparar desde la nueva dimensión donde se encuentran.

CONECTA CON TUS SERES DE LUZ

Desde que estamos en este planeta hemos conectado con esos seres que sirven de intermediarios entre lo divino y lo terrenal. Creo que antiguamente era más fácil escuchar o sentir a estos seres. En el estilo de vida moderna vamos tan rápido que los olvidamos, o con tanto ruido y ajetreo no los oímos. Especialmente nos olvidamos de nuestros antepasados. Nos olvidamos de los que se fueron hace mucho y de los que apenas partieron ayer de este mundo. No hablamos de ellos, no hacemos preguntas sobre sus vidas a nuestros abuelos. Como he dicho, dejarlos caer en el olvido no es aconsejable. Hay que honrarlos, recordarlos y escucharlos porque su misión es guiarnos desde el más allá. No hay cultura milenaria que no honre a sus muertos y los acepte como grandes guías y consejeros: desde el antiguo Egipto a todos los grupos indígenas de las Américas.

Creemos que solo aquellos que nacemos con dones especiales podemos hablar con nuestros antepasados, con nuestros ángeles, santos o guías espirituales, pero no es cierto. Todos podemos conectar con nuestros seres de luz y especialmente con nuestros ancestros. Conectar con ellos es aceptar nuestro origen, nuestras raíces; es entenderte y conocerte a ti mismo. Además, como en mi caso, muchos dones pasan de una generación a otra. Podría ser que tengas un don para, por ejemplo, leer las estrellas y no lo sepas. Un encuentro con tus ancestros o tus otros seres de luz podría revelarte esa y otras muchas cualidades que se esconden en tus orígenes. Muchas misiones o dones no empiezan y terminan en ti. Pasan de generación en generación. Somos un árbol con muchas ramas, pero al fin y al cabo un árbol con un tronco en común.

Aprende de tu familia, conéctate con esos seres que estuvieron y siguen estando cerca de ti.

RITUAL PARA CONECTAR CON TUS ANCESTROS O SERES QUERIDOS

Vas a necesitar dos velas blancas, una rosa roja, un espejo grande y un saquito de sal. Si tienes una fotografía del ser que quieres contactar, puedes usarla. Si no, con su nombre y apellido bastará.

Ve a un cuarto oscuro, preferentemente en la noche antes de ir a dormir y, frente al espejo, coloca ambas velas prendidas. En el piso dibuja un círculo con la sal y después rompe la rosa roja sobre el círculo y deja caer los pétalos al azar. Guarda la foto en tu mano.

Cierra los ojos y limpia tu mente de ruidos y pensamientos hasta quedar en una paz total.

Menciona el nombre de tu antepasado siete veces y abre los ojos. Mira tu imagen en el espejo y, sin quitar la vista de tu rostro, haz la primera pregunta. La respuesta vendrá de tu corazón sin hacerse esperar. Es tu ser querido quien, a través del amor y del espejo, va a responder a todas tus inquietudes.

Pasados unos minutos sentirás que baja tu temperatura y que las respuestas tardan en llegar. Es hora de dejarlo partir.

Recita una oración, cualquiera que sea tu fe o religión, y despídete con estas palabras finales: Con Dios todo, sin Él nada.

Guarda los pétalos de rosas en una cajita o ponlos bajo tu almohada esa misma noche si deseas continuar la conversación con tu ser querido en tus sueños. Y ¡buenas noches!

CÓMO TE HABLAN LOS ÁNGELES, ARCÁNGELES Y OTROS SERES DE LUZ

Si no eres de los que gustan de rituales o prácticas esotéricas, o te da cierto temor establecer contacto directo con el más allá, te invito a que aprendas a leer el idioma de nuestros seres de luz de manera más natural. Ellos se comunican contigo casi a diario a través de la naturaleza, los números o cualquier otro fenómeno que nos rodea. ¿Que hoy todo termina en cinco para ti? ¿Que van tres veces que alguien te regala una rosa amarilla? ¿Que van cuatro veces que sueñas con tu abuelita esta semana? Es el momento de prestar atención y descubrir quién te habla. Desde luego que nada en esta vida es coincidencia, sino "Diosidencia".

SUEÑOS REVELADORES

Nuestros seres queridos regresan en sueños para decirnos algo o simplemente porque quieren que sepamos que están ahí con nosotros. Esto no es ningún misterio; todos hemos tenido uno o más de estos sueños con amigos o familiares difuntos. De igual manera, otros seres de luz pueden intentar contactarnos cuando estamos en estado relajado y dejamos libres los pensamientos y los sueños. Podemos atribuirlo a factores psicológicos, mas lo cierto es que esos sueños donde se nos aparecen nuestros difuntos y nos hablan no son como otros sueños. Estos son siempre más reales, con más colores y mucho más intensos. Recordamos cada gesto y cada palabra que nos dijeron y en muchas ocasiones se repiten con exactitud matemática, hasta que comprendemos el mensaje. Escucha esos sueños, préstales atención e incluso invócalos.

RITUAL PARA SOÑAR CON TUS ANCESTROS
U OTROS GUÍAS ESPIRITUALES

Antes de ir a dormir, date un baño con romero, flores de lavanda (alhucema) y agua de rosas. Pon a hervir a las seis de la tarde la lavanda con el romero. Déjalo enfriar en tu ventana bajo los rayos de la luna. Luego lo cuelas y le añades el agua de rosas y el agua maravilla y te bañas con esta aromática mezcla antes de irte a la cama. Este baño te ayudará a abrir tus chacras y canales espirituales y también te conectará con tus ángeles protectores, quienes te conducirán hasta tus ancestros u otros seres de luz.

No olvides usar pijama blanco y poner sábanas totalmente blancas esa noche. Hasta tus prendas interiores o calzones deben ser blancos. Es el color en que los espíritus se sienten mejor recibidos. Debajo de tu cama pon un vaso de agua en el lado en que duermes. El agua es otro canal básico para facilitar intercambio de energías espirituales.

Debajo de tu almohada deposita cualquier recuerdo que guardes de ellos. Si nunca los conociste, porque fallecieron antes de tu llegada a este mundo, escribe sus nombres en un papelito. Lo importante es que alguna parte de ellos esté bajo tu almohada.

Si temes que no vas a recordar lo soñado, cómete tres aceitunas y bebe un vasito de agua antes de cerrar los ojos (esta es una receta que me enseñó una gitana española). Las creencias gitanas aseguran que las aceitunas ayudan a recordar hasta los más oscuros sueños.

Apaga la luz y recita una pequeña oración.

A la mañana siguiente, escribe todo lo que recuerdes de ese sueño, que te aseguro estará cargado de simbología y significado para ti.

LA MADRE NATURALEZA

Otro idioma al que recurren nuestros seres de luz es el de la madre naturaleza. Pájaros, flores, el viento o incluso la lluvia. Estás pensando en ellos y comienzan a caer gotas cuando ni siquiera estaba nublado. O ese colibrí que hacía días no llegaba a tu ventana aparece, justo cuando estás intentando resolver una duda en tu mente o en tu corazón y buscas respuestas. Ellos te hablan. Tu tarea es decodificar toda esa bella magia.

CIENCIA Y MAGNETISMO

En un campo más cuántico, nuestros seres de luz se comunican a través de la energía, la electricidad, los olores e incluso los espacios vacíos o campos magnéticos. ¿Nunca has sentido que alguien te acompaña? ¿Una presencia a tu lado que no puedes ver ni tocar? Pero de pronto hueles ese perfume o la luz de la lámpara oscila. Abre tu corazón. Esas señales son para ti. Aprende a comprenderlas.

Si hay alguien que te va a acompañar en los tres pasos de nuestra magia del LEREGO son tus seres de luz.

- Cuando necesitas una mano amiga para **LE**vantarte de tus problemas, serán los seres de luz los primeros en llegar a brindarte ayuda.
- Cuando estás en el difícil y confuso momento de tu **RE**novación, buscando y probando nuevos caminos, serán los seres de luz quienes te iluminen y te digan hacia dónde voltear.
- Y a la hora de **GO**zar, serán tus seres de luz quienes te traigan esa felicidad y te llenen el espíritu de dicha y paz para poder disfrutar de verdad.

Ahora es tu turno. En este espacio en blanco dibuja tu árbol genealógico, al que yo llamo Árbol de Luz. Pregunta a tus padres o familiares si te faltan nombres. Hoy puedes investigar tú solo en Internet si le pierdes el rastro a algún bisabuelo o tío. Cuando termines tu Árbol de Luz (al menos de cuatro generaciones), recorre tu vista libremente por sus ramas y dime dónde se posa tu mirada. Tal vez ese antepasado sea el que está más cerca de ti y ya esté guiando tus pasos por la vida. ¡Y tú ni cuenta te habías dado!

_____
_____
_____
_____
_____
_____
_____
_____
_____
_____
_____
_____
_____
_____
_____
_____
_____
_____
_____
_____
_____
_____
_____
_____

8

EL PODER DE LA ORACIÓN

Cuando la vida te empuja a ponerte de rodillas,
estás en la posición perfecta para rezar.
—RUMI

Si Dios y nuestros seres de luz nos hablan de mil maneras para guiarnos por los tres pasos de la magia del LEREGO, nosotros solo tenemos una forma de responderles y es con la oración.

Las cosas en esta vida se ponen de moda. Van y vienen. Y una de esas modas que ha vuelto con más intensidad que nunca es precisamente el poder de la oración. Se habla de orar en todas las redes sociales; se han formado grupos de oración de todas las religiones juntas y ¡hasta existe el Día Mundial de la Oración!

Modas o no, no puedes negar lo innegable: la oración nos une entre nosotros y nos une con Dios. Y creo que todavía no hemos usado ni un 10% de lo que el poder de la oración nos puede dar.

Todo es energía en este universo; incluso nuestros pensamientos son energía o desencadenan energía. Y las energías producen acciones, hechos. Imagina qué clase de energía pones en marcha cuando estás orando. Solo piensa en la energía que se generaría si cien personas oran contigo, o mil, o un millón. Si todos los seres del planeta se sentaran a orar juntos a la vez, creo que la onda expansiva de esos rezos generaría más energía que una bomba nuclear. Una energía similar a la de una bomba de paz y amor que se esparciría por el mundo.

Ahora te voy a contar la experiencia más cercana a mi corazón con la energía milagrosa de la oración, con esa chispa poderosa que hace que sucedan cosas inexplicables.

Mi prima Jumaris tuvo su niña muy prematura. A los minutos de nacida, los médicos comprobaron que no le llegaba el oxígeno al cerebro. "No va a llegar a mañana", anunciaron los doctores con mucha certeza. Jumaris entró en shock, pero con el poco aliento que le quedaba decidió aferrarse a la fe. Se aferró a Dios y se puso a orar con toda su alma. Le pidió al Divino Niño que le diera alguna señal de esperanza mientras veía a su bebita tan chiquitita en la incubadora llena de tubos y cables. En cuanto terminó sus oraciones, una doctora entró en la habitación y le pasó un papel con el nombre de un médico que ejercía en otro hospital. Le dijo que era experto en estos casos. Jumaris, entre llanto y desesperación, le dio las gracias y contactó de inmediato al otro doctor. Aunque los médicos donde estaba se oponían, ella tomó la decisión, firmó y trasladó a su hijita al otro hospital. La cirugía resultó un éxito. El nuevo doctor fue un verdadero milagro. No cabe duda de que las oraciones de Jumaris fueron escuchadas; fue destino de Dios que esa bebita sobreviviera y por eso Jumaris la llamó Destiny; porque el destino lo escribe Dios de la mano contigo. Hoy Destiny ya va a cumplir nueve años y, aunque ha crecido con ciertas limitaciones, va a la escuela y es una niña muy inteligente. Cada vez que me ve en la televisión repite "LEREGO, LEREGO, LEREGO," como si entendiera que la fe de su mamá y sus oraciones fueron lo que la pudieron LEvantar, REnovar y estar ahora feliz con el GOzo.

En mi familia tampoco dudamos de que este milagro lo hizo el poder de la oración. Porque la oración es ese contacto directo con el Creador. Eres tú hablando con Dios. La oración es una conversación íntima donde te desahogas y organizas tus pensamientos. La oración es también un mantra, que con su repetición logras que se materialicen energías a tu alrededor, que se materialicen cosas que quieres o deseas. La oración es también el vehículo para la atracción. Orando y concentrándote vas a atraer y materializar esas cosas que quieres.

Ese contacto con lo divino, cuando cierras tus ojos y te concentras, es el momento del día en que estarás más cerquita de Dios. No importa que no te sepas ningún rezo de ninguna religión. Simplemente habla, sincérate, agradece y pide, que se te dará.

Eso es orar.

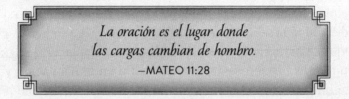

*La oración es el lugar donde
las cargas cambian de hombro.*
—MATEO 11:28

LAS TRES REGLAS PARA ORAR

1. *Siempre da gracias por todo lo que tienes en tu vida antes de comenzar a pedir.* No seas de esos que solo recurren a sus seres de luz para pedir, pedir, pedir. Si haces eso matarás toda la magia de tu oración.

2. *Concéntrate.* No vale que estés repitiendo como perico lo que memorizaste hace años o lo que estás leyendo. Tienes que sentir cada palabra que estás recitando y decirlas con corazón y convicción. No tienes que orar o rezar como algo rutinario, aunque lo hagas todos los días. Cada vez que ores, que se sienta como un momento único y especial.

3. *Ora cuando te va bien y cuando te va mal.* Tampoco seas de los que buscan a Dios solo cuando les pasa algo malo o están en peligro. Acuérdate de tus seres de luz y de Dios cuando recibas una bendición. Una oración para dar gracias es tanto o más poderosa que una oración para pedir que se te conceda un favor.

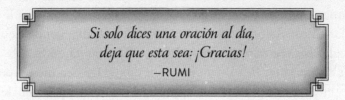

Si solo dices una oración al día,
deja que esta sea: ¡Gracias!
—RUMI

CADENAS DE ORACIÓN

Sé que se han vuelto también muy populares las cadenas de oración, gracias al WhatsApp, al Twitter y a todas las redes sociales. Y muchos me preguntan: "Niño, ¿qué hago? Si respondo a todas no voy a hacer más que enviar mensajes de texto durante mi día entero". Te voy a contar la verdad sobre estas cadenas para que decidas luego si quieres unirte o no.

De la historia de mi querida sobrinita Destiny me falta por contarte otro pedacito, el de la cadena de oración de Santa Teresita del Niño Jesús.

Cuando la niña nació, Jumaris me llamó inmediatamente para darme la terrible noticia. Contesté el teléfono frente a mi computadora y justo me entró un correo electrónico. Su título era: Santa Teresita de los Casos Imposibles. Y recordé que Santa Teresita perdió cuatro hermanos cuando eran bebés. Todos murieron enfermitos y sus padres creyeron que ella tampoco sobreviviría. Tanto temieron por la pequeña Teresa que la enviaron durante su primer año de vida con una ama de crianza que la amamantó para hacerla fuerte y sana.

—Vamos a rezar esto que me acaba de llegar juntos por teléfono —le dije a mi prima, convencido de que nada es casualidad en esta vida y por algo acababa de recibir esta cadena yo.

Al concluir nuestra oración, le dije a Jumaris que todo iba a salir bien, que Dios y Santa Teresita nos habían escuchado. Después de terminar la llamada, reenvié la oración a varios amigos, como me pedía la cadena. Allí mismo, después de reenviarlo, hice una promesa. Yo sabía en mi corazón que Destiny iba a vivir, pero prometí a Santa Teresita que cuando diera sus primeros pasitos, yo la llevaría hasta su basílica en Francia y le regalaríamos las flores más bellas. Un ramo enorme; lleno de color y vida. En ese entonces no sabía que Destiny tardaría años en dar esos pasitos. Pero finalmente los dio. Hace dos meses, poco después de cumplir sus nueve años, se levantó sin la ayuda de su madre ni de su abuela y caminó.

La noche anterior yo estaba en Miami y me desperté porque me dio un viento fresco en la cara. Era poco antes del amanecer. Tras ese viento, noté la fuerte presencia de alguien muy bello, femenino, muy fino. No abrí los ojos. Dejé que ese viento me acariciara. Y una voz en mis sueños me dijo: "Cumple lo que prometiste".

Al despertar, quise acordarme de las promesas que había hecho. Todos hacemos muchas promesas, pero no sabía a cuál se refería aquella inesperada visita de la noche anterior. Fue entonces cuando mi prima me llamó emocionada: "Víctor, Víctor, Destiny caminó. Esta mañana caminó sin ayuda de nadie". Lloré de tanta dicha. Llevábamos años esperando este momento. "¡Mi promesa!", le grité a Jumaris en el teléfono. "Ahora sé de qué promesa me hablaron anoche los seres de luz. ¿Recuerdas aquella cadena de oración de Santa Teresita? Pues prepárale el pasaporte a Destiny porque nos vamos este año pa' Francia".

El día de Santa Teresa del Niño Jesús es el 1 de octubre. Espero poder viajar para esas fechas a Lisieux, Francia, con mi sobrinita querida, para cumplir lo prometido. Caminaremos los dos juntos desde el auto hasta dentro de la basílica, con las flores más bonitas que encontremos.

Ahora conoces una historia más del poder de estas cadenas de oración. Sé que no tenemos tiempo para responder a todas las que nos llegan. Y mucho menos a esas que te amenazan que si no la reenvías algo te va a suceder. Esas descártalas de inmediato. Dios nunca te amenazaría así, sin más ni más. Dios es amor. Pero creo también que si te llega una bonita oración, si es un bonito mensaje y en ese momento resuena con lo que te está pasando, escúchala, síguela, no la rompas, reenvíala. Siempre digo que las casualidades no existen. La voluntad de Dios sí.

Con Él todo, sin Él nada.

Otra experiencia más reciente con las cadenas de oración ocurrió hace poquito con una amiga que era muy infeliz en su trabajo, donde sentía que no la apreciaban y le hacían la vida imposible. Recibí una cadena por texto que decía: "Dios te va a poner en otro lugar donde estarás rodeado de gente que te amará y serás feliz". Se la reenvié a mi amiga y le pedí que no la interrumpiera, que la dejara circular porque yo sentía que ella la necesitaba más que nadie. A la semana, la despidieron de su trabajo y al mes la contrataron en otra empresa pagándole más dinero y con personas que aprecian su talento. ¿Casualidades? Ya sabes…

CREA TU PROPIA ORACIÓN

Muchos de nosotros solo recordamos un par de oraciones que nos hicieron repetir en casa o en la escuela. La primerita que me enseñaron mi madre y mi abuela Isabel fue "Con Dios me acuesto, con Dios me levanto, que la Virgen Santísima me tape con su manto y que me libre de miedo y espanto. Amén".

Pero orar es algo mucho más grande que repetir siempre la misma oración. Orar es contarle a Dios o a tus seres de luz lo que llevas en tu corazón. Voy a compartir contigo un pequeño ejemplo de cómo me gusta orar a mí para que te inspires con esta oración que acabo de improvisar.

Señor, doy gracias a ti y al Universo
por todo aquello que me has dado
y que así como Tú me has dado a mí
también dale a los que lo necesitan.
Derrama siempre tu luz y tu bendición
sobre todos nosotros.
Amén.

En los tres pasos del LEREGO necesitas orar para alcanzarlos y ejecutarlos con éxito, pero esta vez vamos a comenzar por el final, por el GO:

- Comienza GOzando, expresando GOzo y gratitud por lo que tienes. Porque orar es GOzar. Orar es celebrar lo que ya tienes y dar gracias antes de pedir. GOza en el rezo, GOza en la oración, porque no hay mayor GOce que sentirse cerquita de Dios. Y por muy mal que te sientas, seguro que tienes alguna buena razón para GOzar y agradecer. GOzar y orar son una sola cosa.
- Luego pide. Es el momento de pedir. Pide que tus seres de luz y Dios mismo te ayuden a LEvantarte en esas áreas donde las cosas no te van bien. Pide orando que tus seres de luz te LEvanten.
- Y pide, pide también en tu oración que Dios y tus seres te iluminen para hallar el camino de tu REnovación. Para cambiar de hábitos, de plan, de ideas, vas a tener que orar. En los ratos de oración y meditación es cuando te llegan las grandes ideas.

Si oras con toda tu alma, seguro que la magia del LEREGO surtirá efecto y volverás a GOzar de los nuevos favores concedidos. Esta rueda comienza en el GOce de dar gracias por lo que ya tienes y regresa al GOce de las nuevas bendiciones que llegan a tu vida. ¿Ves? Es un círculo perfecto. Es un círculo divino cósmico. GOzar, LEvantarse, REnovarse y volver a GOzar. Orando en el LE, orando en el RE, orando en el GO. Orando en cada pasito que tú des.

Ahora es tu turno. Concéntrate, respira profundamente y comienza a escribir esas palabras que te salen directamente del corazón. Escribe aquí una oración que siempre puedas volver a leérsela a Dios y que te ayude con tu LE, tu RE y tu GO.

Solo recuerda que debes empezar dando gracias. Suerte, y que tus seres de luz te inspiren. Y no te preocupes, que las oraciones del corazón no tienen por qué rimar. Esto no es un concurso de poesía. Tú solo GOza. No te olvides de GOzar mientras lo escribes.

_____

_____

_____

_____

_____

_____

_____

_____

_____

_____

_____

_____

_____

_____

_____

_____

_____

_____

_____

_____

_____

_____

9

EL PERDÓN

Perdónanos nuestros pecados,
porque nosotros mismos también perdonamos
a todo el que nos debe.
—LUCAS 11:4

El perdón es nuestro siguiente ingrediente en este mágico viaje hacia el LEREGO.

Además, al elegir este tema para hablar sobre él en nuestro libro lo hago de corazón, porque yo necesitaba perdonar a alguien y me tomó muchos años lograrlo. Me dolía incluso admitir que no podía perdonar a esa persona. Esa persona era mi padre. No podía perdonarlo porque ni siquiera sabía si lo que sentía por él era rencor, amor u odio. No sabía explicar cuáles eran mis sentimientos verdaderos hacia él, porque no me crié con él. Aunque en muchas ocasiones sentí que me hizo falta en mi vida.

Mi madre me llevó a vivir lejos de mi padre y aunque nunca se me prohibió verlo, él tampoco me buscó. Las pocas veces que lo visité era como ver a un señor y punto. Nunca tuve ese afecto y ese cariño de un papá. Crecí sin esa figura paterna y no me di cuenta de cuánto me afectó esto hasta que una de mis psíquicas llamada Samantha me dijo el día que la conocí: "Niño, tienes algo que no has soltado. Es sobre tu padre. Algo tienes ahí sin resolver. Tienes que escribirle una carta diciéndole a tu padre todo lo que nunca le dijiste, preguntándole todo lo que jamás le preguntaste, pidiéndole perdón y a la vez perdonándolo". No pude ni contestarle a la psíquica de tanto que lloré. Lloré mucho porque me di cuenta de que llevaba años evitando ese tema y escondiendo ese rencor que ni yo era consciente de que lo tenía.

Al final, me puse e escribir. No fue fácil. Me tomó un día entero, tachando y volviendo a escribir y agregándole cosas, pero me desahogué. Al terminar la carta, la leí varias veces. Cada vez que la leía, me sentía un poquito más liberado. Mi alma se sentía un poquito más liviana.

Después de haberla leído una, dos, tres veces, la quemé y tiré las cenizas al aire. Con este gesto me perdoné. Me perdoné por haber guardado este sentimiento tanto tiempo en mi corazón y haberme hecho daño. Y perdoné a mi padre por no haber sido el padre que yo habría deseado. Perdoné y pedí perdón. Y al concluir, sentí el abrazo de mi padre. Lo sentí como si fuera real, aunque don Vitorio hacía seis años que había fallecido. Mirando las cenizas volar por el aire, sentí que mi padre leyó la carta desde donde estuviera y me pidió perdón y supo que lo había perdonado. Lo sé porque esas cosas se saben.

En ese instante bello del perdón, me acordé de la última vez que lo vi con vida. Fue un verano que viajé de Nueva York a Santo Domingo para las vacaciones. Decidí pasar por el pueblo a saludarlo. Lo vi viejito y cansado, pero sus ojos se alegraron al verme. Me preguntó si necesitaba algo y me dijo que estaba orgulloso de mí y de mis estudios. También me dijo que mi madre era una gran mujer que me había sacado adelante. Me dio la impresión de que se estaba despidiendo. Sus palabras me conmovieron, pero no sentí que se pudieran recuperar los años perdidos. Yo tenía dieciocho años y no era un niño en busca de un padre que lo criara.

Después de escribir y quemar esa carta del perdón, y con mucha paz en mi corazón, me puse a investigar más sobre don Vitorio. La herida ya estaba sanando y quise saber más de él. Llamé a mis medio hermanos y les hice muchas preguntas sobre nuestro padre. Me contaron que era un hombre sabio, de negocios y de buen corazón. Su único problema era su galantería. Don Vitorio Florencio era hombre de muchos amores. Como era bien parecido y poseía fábricas y fincas, nunca le faltaron mujeres que cayeran rendidas a sus pies.

Tiempo después de su muerte, me llamaron para darme mi parte de la herencia que me correspondía. Me sentí muy agradecido, pero la doné a los otros miembros más necesitados de la familia. Lo único que quería era perdonarlo, y eso no se consigue ni con todo el dinero del mundo. Una simple cartica fue lo que logró el milagro.

ÉXITO Y PERDÓN

Perdonar significa en griego dejar pasar. En la vida tienes que aprender a perdonar, a dejar ir. Y yo siento que la verdadera clave de la felicidad y del éxito es aprender a decir "perdón". Siento que tal vez es muy difícil perdonar cuando te han hecho mucho daño, te han pisoteado, pero tienes que pensar que a Jesucristo lo crucificaron y, si él perdonó a sus verdugos, ¿quién eres tú para no perdonar? El perdón es la verdadera magia del triunfo. El perdón limpia el alma para encontrar la verdadera paz espiritual y encontrarte tú mismo. Un corazón lleno de rencor y de odio es el camino a la mala suerte y al fracaso. Cuando tengas tu alma llena de paz y armonía y hayas perdonado de veras, encontrarás la verdadera suerte y la felicidad.

EL PERDÓN A MEDIAS

Mi amiga Lisa dejó al padre de su hijo hace más de ocho años. Y lo dejó por una buena razón: el hombre se estaba acostando con su secretaria desde que Lisa estaba embarazada. Más aún, el hombre le pedía a su secretaria que fuera a la casa y atendiera a Lisa en todo lo que necesitara. Lisa llegó a confiar tanto en la secretaria que la hizo su amiga, sin tener idea de que la mujer andaba con su marido. Con el tiempo, Lisa sintió que el matrimonio no iba bien y decidió separarse. No fue hasta después, una vez divorciada, que se enteró de que jefe y secretaria andaban juntos. Lisa se enfureció a tal grado que los llamó y les dijo cosas horribles. El tiempo pasó y Lisa me contó que los había perdonado, pero sentí que no me decía la verdad. Lo veía en sus ojos, porque el rencor no se puede ocultar. Lisa había perdonado de boca hacia afuera, pero en el fondo de su corazón algo quedaba sin resolver.

El ex marido y la secretaria se casaron y son muy felices juntos. Mientras, Lisa sigue soltera, desconfiando de todo hombre y con ese amargo recuerdo en su corazón. Aunque ella insiste en que ya olvidó y perdonó, lo cierto es que ni el perdón ni el olvido han llegado a su vida. Por eso no encuentra un nuevo amor. Por eso sigue sola, a pesar de que es bella e inteligente. Donde hay resentimiento no cabe el romance. Donde no ha llegado el perdón, no llega el amor.

PERDONA AUNQUE SEA EN SECRETO

Está comprobado: puedes perdonar a alguien en secreto, sin necesidad de contárselo siquiera a tu ofensor, y la magia del perdón actuará igualmente en tu corazón. Porque el acto de perdonar es un acto de liberación personal. El perdón es para que sanes tu herida, no para que el otro borre lo que ha hecho. Lo hecho, hecho está, y allá cada cual con su conciencia.

PERDONA PERO NO OLVIDES

En inglés dicen: *forgive but do not forget*. Perdona pero no olvides. Y para explicar esto, quiero compartir contigo estas palabras de la escritora Louise Hay: "Perdonar no es olvidar, es recordar sin dolor, sin amargura, sin la herida abierta; perdonar es recordar sin andar cargando eso, sin respirar por la herida. Entonces te darás cuenta de que has perdonado".

Perdona, pero jamás borres de tu memoria lo vivido, lo sufrido. Las lecciones que te da la vida tienes que analizarlas, estudiarlas y guardarlas en tu memoria para que no te vuelvan a suceder. No olvides, para que no tropieces otra vez con esa misma piedra.

PERDONA O SUFRE

Es muy sencillo: o perdonas o vas a sufrir. No hay vuelta de hoja. Si estás resentido, te atas al pasado y no avanzas. Si guardas rencor a alguien, le estás dando a esa persona poder sobre ti. Le estás entregando un poder muy peligroso: el poder de hacerte sentir mal o bien, el poder de hundirte o levantarte.

Cuando guardas rencor, el único que se perjudica eres tú. A la persona que no perdonas, nada le pasa. Sigue feliz por la vida, como si nada. Tu rencor no le afecta en lo más mínimo. Por eso, como te cuento en nuestro capítulo 17 dedicado a la protección, y de acuerdo a la famosa frase de Buda: "Tener rencor es como beber veneno y esperar que la otra persona muera".

No permitas nunca que tu copa se llene de veneno.

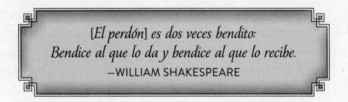

[El perdón] es dos veces bendito:
Bendice al que lo da y bendice al que lo recibe.
—WILLIAM SHAKESPEARE

EL PERDÓN, MEDICINA DEL ALMA

Está comprobado por la ciencia médica que aquellas personas que no perdonan y guardan odio en su corazón, o resentimiento, son más propensas a sufrir enfermedades del corazón.

En cambio, si perdonas, mejora tu colesterol, mejora tu circulación sanguínea y ¡hasta se te van las migrañas! Si no me crees, pruébalo. Perdona y luego en unos meses mira cómo te sientes de salud. Hazte un chequeo médico. Te apuesto que desde los análisis de sangre hasta tu presión saldrán mejor.

RITUAL PARA EL PERDÓN QUE SE RESISTE

Si sientes que tienes un perdón pendiente, un perdón que no parece llegar y que se te clava en el corazón como espina de rosal, escribe una carta a quien te haya ofendido. Dile todo lo que siempre le quisiste decir. Desahógate como nunca y luego perdónalo, deséale lo más bello y lo mejor. Después quema la carta, tal como yo hice con la de mi padre. Con esas cenizas al aire, verás el dulce sentimiento del perdón entrar en tu corazón.

En la magia del LEREGO, el perdón es base esencial para cada una de las tres etapas:

- Un alma con rencor pesa y no puede **LE**vantarse. Para **LE**vantarte tienes que tirar lastre, y eso es lo que hace el perdón: tirar por la borda todo pensamiento negativo, pesado e inservible.

- Para emprender nuevos caminos tienes que dejar las viejas sendas. Para encontrar nuevas cosas tienes que soltar viejos sentimientos. Para **RE**novarte tienes que perdonar primero. ¿Cómo quieres reinventarte y hacer cosas nuevas si sigues con la vieja herida? ¡Es imposible!

- Para **GO**zar tienes que tener tu corazón libre y liviano. El rencor no te va a permitir **GO**zar ni de un helado en la playa, ni de un paseo en el campo ni de una buena película. Para **GO**zar tienes que limpiar tu alma con mucho perdón.

Ahora es tu turno para poner en práctica la magia del perdón. Escribe aquí los nombres de personas a las que necesitas perdonar, esas personas hacia las que sientes todavía algún rencor. Esta será tu lista de asignaturas pendientes.

Cuando logres perdonarlos, bien sea en persona o con nuestro ritual de la carta y cenizas, regresa a esta página y escribe junto a cada nombre la fecha y estas palabras: En nombre de Dios, te perdono y te deseo todo lo más bello en tu vida. Amén.

_____

_____

_____

_____

_____

_____

_____

_____

_____

_____

_____

_____

_____

_____

_____

_____

_____

_____

_____

_____

_____

_____

_____

_____

10

AMOR ES ENERGÍA

*Siempre gana
el que sabe amar.*
—HERMANN HESSE

El amor, como la energía, no se crea ni se destruye. Simplemente circula de tu alma a la mía, de la mía a la tuya y de la tuya a la de otros. El amor va dando saltitos de corazón a corazón y es la máquina que te hará LEvantarte en más de una ocasión, REnovarte y GOzar. El amor es como la electricidad que recarga tu pila para que funcione el LEREGO, y aquí te lo explico para que no se apague tu magia.

La vida y mis estudios espirituales me han enseñado que eso que llamamos amor no es algo estático, permanente, ni algo que podamos poseer como un objeto, ni guardar a nuestro capricho en un cajón.

El amor va y viene, como un torrente enorme del espíritu divino y lo único que tienes que hacer es saber cuándo subirte a ese tren de amor para que no pase frente a ti y te quedes pasmado fuera, esperando solito en la estación. Cierto que hay viajes que duran toda una vida, cuando las energías confluyen de manera tan armoniosa que ni el pasar de los años las separa. Mas para la mayoría de los mortales, el amor llega en muchas etapas, muchos ciclos y de la mano de diferentes almas y diferentes trayectos de vida.

Si te quieres subir a ese tren maravilloso del amor, y quieres amar y ser amado, te voy a contar unas historias que a mí me sirvieron de lección. Después te revelaré algunos secretos mágicos para atraer a ese gran amor a tu vida o para conservar el que Diosito ya te dio.

AMOR ES MÁS QUE ROMANCE

Desde jovencito, la gente se me ha acercado con preguntas y dudas sobre sus relaciones sentimentales y yo, calladito, aprendí pronto a escuchar y entender las penas de amor. Recuerdo en especial la historia de uno de mis maestros de teatro. Era un señor educado, elegante y muy reservado. Aun así, se sinceró conmigo y me confesó que estaba enamorado de una persona, pero no sabía si esa persona le correspondía. Su amor era más joven que él y no se atrevía a dar el paso y contarle que le gustaba. "Si me le declaro, puedo perder su amistad y es lo que más valoro", me decía mi maestro muy triste. "Mire, yo no siento que esa persona se va a molestar", le respondí siguiendo esa voz que siempre me habla. "Al contario, lo va a comprender. Aquí siento una energía de respeto y comprensión. El amor se manifiesta de mil formas, no solo de manera romántica", añadí. "Usted vaya, confiésele sus sentimientos y el Universo decidirá". Poco tiempo después, el maestro me contó que se había atrevido a confesarle a esa persona su amor y que la persona había reaccionado bien. Le respondió que no lo amaba como pareja, pero que podían seguir siendo amigos. Mi maestro ganó una bonita amistad para siempre y yo una lección de amor más.

LOS MIL COLORES DEL AMOR

Hay tantas clases de amor que sería imposible enumerarlas. Lo que pasa es que nos obsesionamos con el amor romántico, como si fuera el único y lo máximo, pero no es así. Toda manifestación de amor es amor y comparte esa misma energía maravillosa que nos hace feliz. Como el caso de una señora que le fue mal con su marido y se divorció. A los pocos meses, su hijo dejó de visitarla y no quería pasar tiempo con ella. La relación entre madre e hijo se enfrió. "Niño, no me quedan ganas de volverlo a intentar, de mendigar amor", me dijo un día. "Los seres humanos somos muy complicados. Ahora voy a dedicar todo mi amor a mis animales". Y dicho y hecho, la señora se rodeó de sus mascotas y se dedicó a rescatar animales en peligro. Cuando la veo, es feliz y sus ojos están llenos de esa energía que fluye por aquí y por allá, por todo el Universo, y que nunca sabes dónde la vas a encontrar. Es sencillamente el amor. Amor que vibra en todos los colores y frecuencias en nuestro bello planeta.

CUANDO EL AMOR SE ACABA

No todas las historias de amor terminan bien y lo sabemos. Si no, ¿de qué escribirían los grandes escritores y qué cantarían los grandes artistas? Yo creo que el desamor ha derramado más tinta que el propio amor. La cosa es que de las historias con un final triste también aprende uno.

Una amiga conoció a un tipo más joven que ella y los dos se enamoraron locamente. Con el pasar de los meses, en el corazón del joven la pasión se transformó en cariño y solo quedaba amistad. Mi amiga seguía empeñada en amarlo, amarlo y amarlo apasionadamente. El jovencito, que pronto vio lo cómodo de esa relación donde ella lo daba todo y él solo recibía, se quedó por interés. De vez en cuando la halagaba, le regalaba unas migajas de felicidad para tenerla contenta, pero ella misma sabía que vivía de migajas. Como en todo cuento de miguitas de pan, llegó una pajarita más joven y se las comió y aquel amor, pío pío, voló a otro nido. Aquel amor se fue a continuar su historia a otra cama. Y es que la energía del amor no la puedes detener ni retener, solo dejarla fluir.

"¿Y cómo sé que ese amor se acabó?", me preguntaba otra buena amiga que no estaba dispuesta a perder la batalla con Cupido. Mi respuesta fue como la que te daría tu madre o tu abuela: no hay vuelta de hoja y tú lo sabes. Tu corazón te lo dice a gritos, que eso se acabó, o peor todavía, tu corazón te dice que tal vez ese amor nunca existió al nivel que creías. Era una atracción sexual, la novedad, lo prohibido, la soledad o cualquier otro tipo de energía o interés que muchas veces confundimos con la verdadera vibración del amor.

Si verdaderamente amas y eres amado o amada, esa vibración perdura por largo tiempo: un año, dos, tres, diez, quién sabe. En algunos casos, continuará vibrando toda la vida. Todo dependerá de la intensidad de la vibración y de lo que Dios te tenga guardado en tu camino.

Recuerda: lo que es para ti, nadie te lo quita. Y si amas a alguien, déjalo libre; si regresa es tuyo, si no, nunca lo fue.

EL LIBRE IR Y VENIR DEL AMOR

Igual que el amor no se puede poseer, tampoco tiene precio. El amor no lleva una etiqueta colgando con unos numeritos. Hay personas que quieren comprar el amor, mientras se engañan: "No, pero mira, hoy tuvo un detalle conmigo, me dio las gracias por el regalo, es que me quiere". Realmente sabes que no te ama como tú lo amas a él o a ella. Hay ocasiones en las que nos enamoramos solos, sin escuchar el vibrar de la otra alma. El amor real es lindo, es suave, es de parte y parte, de ambos lados y lo sientes. Pero cuando algo se acaba, se muere o no hay amor, empieza la obsesión. Lee el capítulo 18, "Obsesión", para quitarte las dudas. Si esa persona quiere estar contigo, es que quiere estar contigo, no porque la tienes amenazada o comprada. Los regalos y las cosas materiales no pueden detener esas energías tan poderosas que se alejan y se van. Es como intentar detener el ir y venir de las olas del mar con una montañita de arena. Aprende a *let go*, o como digo yo, LE-RE-GO (LEvántate, REnuévate y GOza) y deja ir esas olas en la playa del amor.

El amor no tiene cura,
pero es la cura de todos los males.
—LEONARD COHEN

EL AMOR NO ES CIEGO

La energía del amor es tan maravillosa como complicada. Tienes que entenderla, estudiarla y trabajarla a fondo. Para cuidar un amor y que no se seque esa plantita de cariño, no basta con comprar flores y regalar corbatas o cenas románticas. Hay que trabajar esa energía. Y me preguntarás: ¿Cómo la trabajo? Muy sencillo: tienes que sentirla, meditarla, observarla con tus cinco sentidos y sin dejarte llevar por engaños u otras energías que te ciegan. Dicen que el amor es ciego. ¡Pues ni tanto! En asuntos del amor hay que andar con los ojos muy abiertos. Tienes que estar presente en esa energía y observarla serenamente. Notarás que hay días en que esa energía baja, otros días sube como la espuma. Otras veces sentirás la energía rara, agitada o lejana. No te asustes. El amor es así. Tienes que aprender a sentirlo y leerlo para que luego no te lleguen las sorpresas. Si esa energía se mueve, tienes que moverte con ella. Lo peor que puedes hacer es quedarte estancado esperando que esa energía regrese.

SEGUNDAS PARTES NUNCA FUERON BUENAS

Es raro que esa misma energía que un día te hizo vibrar hasta lo más alto regrese a tu puerto. Mucha gente se estanca en espera de que vuelva ese gran amor y el daño que se causan es irreparable. Nadie te va a devolver los años perdidos. Tienes que moverte, seguir en constante movimiento con las vibraciones del amor. No mires atrás, olvídate. Hacia atrás, ni para darte impulso.

Si con el tiempo vuelves a encontrarte con esa alma con la que tanto amor compartiste, ten presente que no siempre funciona. Segundas partes nunca fueron buenas, dicen por ahí. Y en el 90% de los casos es cierto. Si a la primera no cuajó, difícil que a la segunda o tercera vuelta lo logres. "Ay, mi primer novio de cuando tenía veinte años me volvió a buscar, me llamó, no lo puedo creer", me dijo una amiga emocionada. Le aconsejé que fuera y cenara con él, pero sin grandes expectativas. Lo bueno es que mi amiga no se quedó sentada esos veinte años esperando por él. En esas dos décadas había amado, se había casado, se había divorciado y hasta había tenido hijos. Ahora el Universo, caprichoso, le traía de nuevo esa energía del pasado. Fue a cenar con ese antiguo amor y nada grande pasó. Simplemente recuperaron la amistad. Lo importante es que mi amiga no se quedó estancada llorando por un amor perdido y al reencontrar a aquel novio del pasado, ella ya estaba vibrando en otra dimensión. Ese tren ya pasó. *Bye, bye*.

En contados casos, estos reencuentros surten efecto y es porque dejaron alguna asignatura pendiente entre los dos. El Universo te vuelve a dar una segunda oportunidad para que concluyas ese capítulo a medio escribir. Si en esta nueva oportunidad ambas almas saben elevar sus vibraciones hasta lo divino, ese amor se quedará para siempre. Pero rara vez la vida brinda esas segundas oportunidades en bandejita de plata. No te obsesiones.

UN CLAVO SACA OTRO CLAVO

Lo mejor en asuntos del amor es siempre mirar hacia delante. *Un clavo saca otro clavo*, está más que comprobado. Por eso mi mejor consejo es que si ya lo intentaste todo y no funcionó, borrón y cuenta nueva. Busca un nuevo amor y no te quedes en esa estación viendo los trenes pasar. La vida es solo una y es un regalo que te hizo Dios. Vivir es amar. No seas desagradecido. No desperdicies tan bello regalo y dejes de amar solo por temor a los malos recuerdos. Abre tus puertas al amor y deja que te encuentre. No tienes que buscarlo desesperadamente en fiestas y discotecas. Deja que te encuentre, pero tienes que tener la mente abierta y la buena disposición para que cuando ese tren se detenga frente a ti y suene la campanita, te subas con una sonrisa.

El amor es un acto de fe y el que tenga poca fe también tendrá poco amor.
—ERICH FROMM

NUNCA DIGAS DE ESE AGUA NO BEBERÉ

Una compañera me confesó una vez que se estaba viendo a escondidas con un compañero de trabajo. El hombre no era muy guapo y ella me contó que durante todo un año la invitaba a salir y ella decía que no. ¡Tenía los dientes uno para acá y el otro para allá! Además, el hombre estaba en pleno divorcio, con hijos y mil problemas. ¡Ay, no! Nada que ver. Nada que ver… hasta que Cupido llamó a esa puerta. El hombre la invitó a cenar, mi amiga aceptó porque esa tarde no tenía nada mejor que hacer y en la cena se dio cuenta de que tenía un corazón de oro y, cerrando los ojos, le dio ese primer beso. Con el tiempo, el hombre se arregló los dientes, finalizó su divorcio y mi amiga fue feliz con su feo que al final ya no lo veía tan feo.

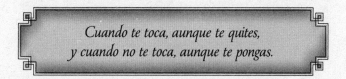

Cuando te toca, aunque te quites, y cuando no te toca, aunque te pongas.

TE QUITES O TE PONGAS

Cuántas amigas tengo que cuando llega el viernes se suben a los tacones, se pegan las pestañas y se van a buscar el amor a fiestas, cenas, restaurantes o citas *online*. No es malo salir a divertirse y coquetear. Al contrario. Es saludable y divertido. Pero cuando regresas a casa sola, después de haber bailado con diez, no te hundas en la desesperación. Tienes que entender que al amor no hay que buscarlo, hay que dejarlo que te encuentre, que llegue solito. Por supuesto que puedes dejar la puerta abierta, ser receptiva y cultivar ese espacio en tu corazón para poder amar. Pero la energía del amor llegará solita. Es como cuando andas buscando el lapicero… ¿dónde está el bendito lapicero? Todo el día buscándolo hasta que descubres que lo llevabas en el bolsillo de la camisa. En tu mente aparecen y desaparecen las cosas, pero solo en tu mente. El amor nunca te abandona ni lo pierdes. Esa energía siempre te rodea. Solo tienes que abrir las puertas de tu corazón y dejarla entrar.

Insisto: cuando Diosito dice que no te toca, no desesperes. Hay muchas almas que no encuentran el gran amor romántico en esta vida pero el Universo las colma de otras vibraciones maravillosas. Vibraciones también de amor, pero en otras frecuencias: amor de hijos, amor de amigos, amor de madre, amor del público o de servicio a Dios, o simplemente amor a la vida. Si quieres sentir amor, ¡ama! Ámate, ama a los que te rodean, ama a Dios y a la vida. Y cuando te toque, no te quites. Quédate ahí para recibir de regreso todo ese amor que enviaste al mundo.

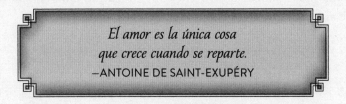

> *El amor es la única cosa*
> *que crece cuando se reparte.*
> —ANTOINE DE SAINT-EXUPÉRY

AMOR REAL

Ahora te haré una pregunta comprometedora: ¿Cuántas parejas has tenido en tu vida? ¿Una, dos tres… cinco, seis? La primera pensaste que era el gran amor; la segunda también; la tercera, por supuesto. Ahora quiero que te hagas esta otra pregunta: ¿Cuál de todos fue tu amor real? No el amor de tu vida, ni el más loco ni el más apasionado. Quiero que te preguntes por el Amor Real, el correspondido al mismo nivel que tú estabas o estás. El Amor Real es la persona que te quiso o te quiere con la misma intensidad que tú lo quieres a él o a ella.

Hay gente que duda que este amor exista. Eso es porque todavía no les ha llegado a sus vidas. Si tampoco ha llegado a la tuya, no desesperes. Un día, tarde o temprano, lo sentirás. Sabrás que tu amor real tocó a tu puerta.

A continuación te voy a dar unos consejos para abrir las puertas al amor y mantenerte receptivo. Y también algún consejito para desbloquear energías, si es que te atoraste y no sabes cómo regresar a las vibraciones divinas.

BAÑO DE ROSAS PARA REACTIVAR ENERGÍAS DE AMOR APAGADAS
Prepara
   7 rosas rojas
   1 cucharada de miel
   1 botella de cerveza
   7 perfumes o esencias diferentes que tengas en casa
   1 velita amarilla

Mezcla los pétalos de las siete rosas con la cucharada de miel y la cerveza. Deja caer solo una gotita de cada uno de los siete perfumes en la mezcla. Ponlo todo en una licuadora. Después, guarda ese líquido rojo intenso en un frasco en tu baño y durante siete días consecutivos aplícate un poquito cada vez que te bañes, de pies a cabeza, por todo tu cuerpo, después de enjuagarte. No olvides prender la vela amarilla ante una imagen de la diosa Venus cada vez que hagas este baño del amor.

Personalmente, recomiendo que durante esos siete días mágicos también le dediques una oración a Oshún y otra a mi Anaísa, o a cualquier otra imagen que tengas del amor, para que te ayuden a desatrancar energías atoradas por los rincones de tu alma.

RECETA PARA ATRAER EL AMOR ACERTADO
Ingredientes
   1 papel de color manila y un lápiz
   1 manzana roja
   21 clavos de olor
   Azúcar blanca
   Escarcha plateada

En un pedacito del papel de color manila escribe siete veces tu nombre y tu fecha de nacimiento, si deseas atraer a la persona que de veras te conviene. Dobla el papelito varias veces hasta que quede bien planchado.

Haz 2 cortes en la manzana en forma de cruz. Pon el papelito dentro de esos cortes. Coloca la manzana en un plato e insértale por todo alrededor los 21 clavos de olor. Échale por encima el azúcar y la escarcha.

Una vez finalizada tu pequeña ofrenda para activar las energías del amor, dedícale una oración a Santa Bárbara Bendita, la guerrera infatigable, la vencedora, que será la que te dirigirá hacia el amor que es para ti y te va a hacer feliz.

AMARRE DE AMOR
Cierto que si no está para ti, no lo será, y si no te toca, aunque te pongas, pero a veces esa energía de amor necesita un empujoncito. Quizás la otra persona todavía no se ha fijado en tu luz interior, en tu verdadero ser, o su llama junto a ti se está apagando un poco y alejando. Para eso existe magia que puede hacer que dos energías confluyan y exploten juntas en éxtasis y verdadera conexión, si es que así Dios lo permite. Aquí tienes la receta.

Ingredientes
    2 velas rojas del mismo tamaño
    1 hoja de papel aluminio
    2 pedacitos de papel blanco
    1 hilo rojo
    Miel
    Azúcar morena
    Azúcar blanca
    Melado o melaza de caña
    Polen de abeja
    Escarcha roja, dorada o plateada

Pon las dos velitas rojas en el centro del papel aluminio. Escribe tu nombre y el nombre de ese ser que quieres atraer, uno en cada papelito. Junta los papelitos con los lados escritos pegados y colócalos sobre las velas. Con el hilo rojo amarra bien fuerte las velas con los papelitos por el medio. Baña las velas con la miel, ambas azúcares, el melado, el polen y la escarcha. Envuelve todo en el papel de plata y guarda tu amuleto recién hecho en tu rincón del amor, en tu mesita de noche o en algún lugar privado hasta que llegue esa persona que deseas. También lo puedes enterrar en un rincón del jardín. La Madre Tierra sabe mucho de amor y energías.

EL RINCÓN O ALTAR DEL AMOR

Busca un rincón de tu habitación, algún lugarcito íntimo y privado por donde no pase mucha gente en la casa cuyas energías interfieran con tu intención. Coloca un pañuelo rojo y sobre el pañuelo, o pegados en la pared, pon todas las cositas que te recuerden al amor: fotos de tu perrito, corazones, un chocolatito, pétalos de rosas rojas o la foto de dos enamorados en la playa. Todo se vale. Fotos de tu abuelita, de tu mamá, de todo aquello que amas y adoras. Si sueñas con algún tipo específico de hombre o de mujer, recorta de alguna revista la imagen de alguien que se le parezca. Incluye también una velita roja y algún libro de poemas de amor. De vez en cuando, siéntate frente a tu rinconcito, prende la velita roja y medita. Deja que tu corazón y tu mente viajen libremente. Escucha tus pensamientos. Lee algún poema. Al crear este rincón en tu casa estás creando espacio en tu alma para que entre esa energía que llamamos amor.

El campo del amor es un lugar ideal para practicar el LEREGO.

- **LE**vántate si te dijeron que no te quieren, que se acabó. Levantarse de un amor perdido es uno de los actos más heroicos que puedes dedicar a tu propia persona. Sé tu propio héroe o heroína y rescátate de los escombros emocionales en los que te dejó aquel ser amado.
- **RE**nuévate buscándote a ti mismo primero, porque en ese desamor te perdiste. Luego busca ese nuevo amor, no tengas miedo. Este será un paso decisivo en tu **RE**novación.
- **GO**za de tu libertad, sal al mundo, vuelve a divertirte y a soñar con el nuevo amor que llama a tu puerta. Date permiso para volver a **GO**zar.

En tu espacio en blanco quiero que escribas siete cualidades que quieras que tenga tu próximo Amor Real. Siete cualidades indispensables. Si ya tienes ese Amor Real, anota las siete cosas que admiras de tu pareja amada.

Cada vez que conozcas a alguien, regresa a esta página y sé sincero contigo mismo: ¿es o no es tu Amor Real? Siempre podrás permitirte ignorar dos o tres cositas de tu lista de requisitos, pero no te engañes; si no cumple ni la mitad, vas por mal camino. Mejor... ¡LEREGO, LEREGO, LEREGO!

_____

_____

_____

_____

_____

_____

_____

_____

_____

_____

_____

_____

_____

_____

_____

_____

_____

_____

_____

_____

_____

_____

_____

_____

_____

11

ABRIENDO PUERTAS

No le pidas a Dios que te quite los obstáculos.
Pídele fortaleza para poder superarlos.
—PENSAMIENTO POPULAR

La sabiduría popular dice que donde una puerta se cierra, otra se abre. Yo digo: si se te cierra una puerta, métete por la ventana. O todavía mejor: si me das un portazo en la cara, no me importa, porque con el ruido otras mil puertas se me abrirán. Necesitamos las puertas para realizar la magia de nuestro LEREGO. Las puertas son las oportunidades para LEvantarte, REnovarte y poder GOzar.

Pero con tanta puerta ¡uno se confunde! Y no sabes cuántas veces llamar antes de darte por vencido. Nos cuesta mucho esfuerzo leer las señales, sentir las energías y ver qué camino tomar.

Llegó un jefe diferente a la oficina y ya no es lo mismo. Te desencantaste de ese trabajo y ya no vas con deseo a trabajar cada mañana. Tú solito perdiste esa pasión o ese jefe ya no te hace feliz. La verdad no importa, ese trabajo ya llega a su final. Te pasó igual con la pareja: la magia se fue. Esas son señales claras e innegables. El Universo te está diciendo que esa puerta está cerrándose; escuchas las bisagras rechinando y sabes que es cuestión de tiempo y ¡se acabó! Esa etapa se completó, esa puerta se cerró y ese día te echaron del trabajo o te dejó el novio o la novia. Pero tú lo sabías. Las puertas no mienten.

Hay quienes meten el pie en la puerta para que no se cierre, la golpean y no sirve de nada. La puerta se cierra y te deja cansado y frustrado. Tú no tienes que esperar a que se cierre. Lo que tienes que hacer es irte preparando, empacando tus cosas para decir adiós a la relación, enviando currículums a otras compañías para ser tú quien se vaya, y no que te echen. Que seas tú quien cierre la puerta antes de que se cierre sola. Ciérrala tú, sé valiente. O simplemente te vas y la dejas abierta, por si algún día tienes que volver.

Uno de mis libros favoritos es *¿Quién se ha llevado mi queso?*, del autor Spencer Johnson. En él, a uno de los protagonistas llamado Haw se le acabó el queso en el depósito Q y ya encontró el depósito N lleno de queso nuevo, pero cada día explora su laberinto para buscar otros depósitos con la puerta abierta y con queso dentro para cuando se termine el del depósito N. Se trata de abrir nuevas puertas antes de que se cierre la que ya tienes abierta.

Y muchas puertas no se cierran por tu culpa, sino porque la vida cambia. Los tiempos evolucionan y, por ejemplo, la tecnología hace que nuestros trabajos ya no sean los mismos. "¡Ah! Le tengo terror a la computadora", se quejaba mi querido amigo Raúl, muy inteligente y preparado, con un carisma único, pero lleva más de dos décadas trabajando en el mismo restaurante sin aspirar a más, porque le dan miedo las computadoras y en cualquier otro lugar le van a pedir que las use. Él prefiere quedarse donde está y seguir tomando las órdenes en un papel. Yo le digo: "Mira, hay muchas abuelitas mayores que manejan su celular como si nada. Con lo que tú sabes y tu inteligencia ya podrías tener tu propio negocio o ser el gerente de un buen restaurante. En esta vida todo es ponerte y aprender". Se trata simplemente de ir con los tiempos, como dice la parte de "REnuévate" de la magia del LEREGO. Pero Raúl se niega a ese famoso "REno-varse o morir" que hemos escuchado siempre. O te adaptas o no habrá puerta que se te abra.

CUÁNTAS VECES HAY QUE LLAMAR

Si llamas a una puerta para pedir tu oportunidad y no se abre, tienes que golpear más fuerte. Muchas puertas no se abren a la primera y tú tampoco puedes rendirte tan pronto. ¿Recuerdas la película de Will Smith, *En busca de la felicidad (The Pursuit of Happyness)*? En ella se narra la historia real de Chris Gardner, quien pierde todo y se queda en la calle con su hijo. Chris insiste tanto que al final obtiene el puesto que quería en una empresa de finanzas. Durante toda la película no hace más que luchar para demostrar que esa es su puerta y que se va a abrir. Y así sucede.

Claro que Dios premia la perseverancia y es cierto que el que persevera triunfa. Pero tienes que saber cuándo es suficiente, cuándo has llamado demasiadas veces y estás perdiendo tu tiempo. Tú y solo tú sabrás cuándo es hora de buscar nuevas puertas. Como dijo la escritora americana Helen Keller: "Muchas veces miramos tanto tiempo la puerta cerrada que no vemos la otra que se ha abierto para nosotros". Por eso te digo que está bien que llames e insistas, pero siempre mirando con el otro ojo a ver si otra más se abre. No pongas todos los huevos en una canasta, por si se te cae. De igual modo, no llames solo a una puerta cuando hay tantas otras esperando que alguien llame.

Las puertas son, sin duda, oportunidades para avanzar en la vida, pero también son obstáculos cuando no se te abren. Y aquí te voy a dar la actitud, el ritual y la receta para abrir puertas, levantar obstáculos e iluminar tu camino. Recuerda que todo es energía, incluso esas puertas cerradas. Ponlas en movimiento.

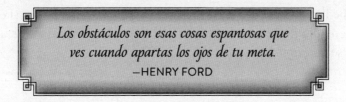

*Los obstáculos son esas cosas espantosas que
ves cuando apartas los ojos de tu meta.*
—HENRY FORD

RITUAL DE LA LLAVE Y EL CANDADO
Ingredientes
    un candado con su llave
    una cinta roja
    un puñado de arroz
    un plato de barro

Cubre toda la argolla o anilla del candado con la cinta roja, enrollándola. El candado tiene que estar cerrado, pero con la llave puesta. Pon el arroz en el plato de barro. Sobre el arroz pon el candado ya preparado con la cinta y la llave. Deja el plato en un rincón en el piso. Durante nueve días tienes que rezar nueve oraciones a San Pedro, portador de las llaves del cielo, pidiendo que te abra esa puerta. Al noveno día, abres el candado, te quedas con la llave y vas a un monte y entierras el candado abierto. Una vez bien enterrado, recita estas palabras: "Así como se abrió este candado, que se abran todas mis puertas y que todo lo que estaba atrancado, quede atrás".

La llave la pones dentro de tu cartera o colgada en una cadenita en el cuello escondida o en un bolsillo. También la puedes colgar de tu llavero junto con las otras llaves de tu casa.

Si consideras que algún ser querido necesita de esta magia para abrir alguna puerta que se resiste en su vida, puedes repetir el ritual pero colocando la foto de esa persona a la que deseas ayudar sobre el arroz, con el candado encima. Después de los nueve días y los nueve rezos, entierras igualmente el candado abierto y le regalas la llave a esa persona. Dile que es un obsequio que debe llevar consigo. Pregúntale en un tiempo como le va y si esa puerta por fin cedió a sus golpes y llamados u otras más interesantes se abrieron.

La Piedra

El distraído tropezó con ella.
El violento la utilizó de proyectil.
El emprendedor construyó con ella.
El campesino cansado la utilizó de asiento.
Para los niños fue un juguete.
David mató a Goliat y Miguel Ángel
le sacó la más bella escultura.
En todos los casos,
la diferencia no estuvo en la piedra,
sino en el hombre.
No existe piedra en tu camino que no puedas
aprovechar para tu propio crecimiento.
—Anónimo

GANESHA, SEÑOR DE LOS OBSTÁCULOS

En la tradición hindú, Ganesha es el encargado de remover obstáculos. Esta deidad con cabeza de elefante y cuatro brazos es el más popular en la India y el más conocido de la tradición hindú en el resto del mundo. Su cabeza de elefante señala la inteligencia, la sabiduría y sus cuatro brazos su omnipresencia y omnipotencia.

A Ganesha se le invoca a través de un sencillo mantra. Recuerda que un mantra no es más que una oración cortita que repites una y otra vez para alcanzar una vibración que quieres o necesitas para conectar con una energía específica. Este mantra a Ganesha te elevará a ese nivel donde todo fluye y no habrá candado ni obstáculo que se resista: *Om Vighna Ganapataye Namaha.* Recítalo y siente el efecto.

PEQUEÑO ALTAR A GANESHA

Puedes improvisar un pequeño altar a Ganesha en tu casa. Simplemente compra una figurita o una foto del dios, que son muy populares en todas las tiendas esotéricas o de regalos, y colócale una guirnalda de flores alrededor. Como ofrendas, le puedes obsequiar unas bananas y un platito con tus dulces favoritos. Prende un poco de incienso de aroma dulce, o flores frescas que desprendan perfume dulzón también. A Ganesha le gusta todo lo dulce y el color rojo. Puedes prenderle una vela roja para completar tu pequeño altar casero.

Recordemos que cuando tienes un obstáculo frente a ti es que tienes que poner a prueba toda la magia necesaria para vencerlo. Y no hay magia más efectiva que la de nuestro LEREGO.

- Igual que **LE**vantas las piedras que obstruyen tu camino, tienes que **LE**vantarte ante cualquier puerta que se te cierra o cualquier desilusión que te da la vida. Tu primera reacción ante todo obstáculo es **LE**vantarlo y **LE**vantarte.

- Luego piensa que si esa puerta se cerró, es hora de **RE**novarse. **RE**novarse no es más que buscar nuevas puertas, llamar a esas nuevas puertas y atreverte a abrirlas. Una puerta nueva es pura **RE**novación, se abra o no se abra. Eso Dios lo decidirá, pero al menos ya entraste en nuevas energías al intentarlo.

- Un obstáculo es para muchos un reto. Y seguro que conoces gente que disfruta conquistando retos. Vencer obstáculos es un verdadero **GO**zo. Puedes **GO**zar de un contratiempo, de una puerta cerrada, si la enfrentas con actitud deportiva y competitiva. Vas a **GO**zar superando esos obstáculos y superándote a ti mismo, porque en toda batalla ganada hay un **GO**ce de satisfacción. Es el **GO**ce del ganador.

Si encuentras un camino sin obstáculos,
probablemente no te lleve a ninguna parte.
—FRANK A. CLARK, ESCRITOR

Ahora, cuéntame qué puerta quieres que se te abra, cuántas veces has llamado a esa puerta y por qué quieres entrar por ella. Cuando termines de contarme tu historia, concluye escribiendo estas palabras: "Decreto y afirmo que esta puerta se me abrirá".

_____
_____
_____
_____
_____
_____
_____
_____
_____
_____
_____
_____
_____
_____
_____
_____
_____
_____
_____
_____
_____
_____
_____
_____
_____
_____
_____
_____

12

LAS CINCO DIRECCIONES DE LA VIDA Y UNA MÁS

La dirección es más importante que la velocidad.
Hay muchos que van rápidamente a ningún lado.
—PENSAMIENTO POPULAR

Ahora te quiero explicar cuál es la brújula que uso para no alejarme del camino que me lleva a nuestro LEREGO. Es una brújula que no marca norte ni sur. Es una brújula que me marca las direcciones en las que tengo que vivir. Y las descubrí de la manera más sencilla.

Una mañana desperté medio decaído. Uno de esos días que, por más que uno se quiera levantar, no puede. Nada más mirar mi teléfono me llegó un mensaje de un amigo como señal divina cuando más la necesitas. Era una lista chiquita de cinco direcciones hacia las que tenemos que mirar en la vida. Cuando las leí, me subió el ánimo: el mensaje me llegó directamente al corazón, sin tener que pensar. Es una de esas grandes verdades que no necesitas analizar mucho, porque van directo al alma. Ahora las quiero compartir contigo para que las leas cuando no puedas salir de la cama de pura tristeza, o te sientas perdido ante cambios en tu vida o no veas la luz del sol brillar.

Te exhorto a que las escribas en un papel o las imprimas y las pongas en un marquito en la pared para que las leas y releas y no se te olviden.

LAS CINCO DIRECCIONES EN LAS QUE TIENES QUE MIRAR EN LA VIDA

1. HACIA DELANTE para saber adónde te diriges.

En la vida siempre hay que mirar hacia delante. No puedes derrochar tu energía mirando lo que ya pasó: un trabajo que te prometieron pero no te dieron, ese amor que te engañó y luego te ignoró o simplemente algo que no sucedió. Tus ojos tienen que estar mirando hacia delante, si quieres avanzar como avanzan las manecillas del reloj. Ya fueron las diez y ya son las once. El tiempo y nuestras vidas van que vuelan. Ya nunca más serán las diez de ese mismo día. Por eso hay que tener la vista puesta hacia delante y no sentarte a ver las oportunidades pasar. Además, hacia delante siempre salen el sol y el nuevo amanecer.

2. HACIA ATRÁS para recordar de dónde vienes.

Dicen que hacia atrás ni para tomar impulso. Es cierto que no hay que retroceder para nada, pero sí que puedes mirar hacia atrás de vez en cuando para echar un vistazo, ver el camino que ya recorriste, cómo lo recorriste y todo lo que te pasó para llegar donde estás hoy. Es solo una miradita para que no se te olviden tus raíces y de qué estás hecho. Mirar atrás te recuerda quién eres, porque a algunos se les olvida. Hoy escucho a algunas personas hablar de indocumentados y se les olvida que algunos de ellos también llegaron con sueños y sin papeles a Estados Unidos. Muchos de los que hoy critican a los inmigrantes no recuerdan que también sus padres o abuelos fueron inmigrantes. ¡Qué terrible olvidarte de dónde vienes y quién eres! Es bueno también que mires hacia atrás para recordar cómo solucionaste problemas o cómo caíste en ellos para que no vuelvas a meter la pata. Si te fijas en tu propia historia, esa que has ido escribiendo con cada pasito en tu caminito, vas a aprender grandes lecciones de vida sin necesidad de maestro. Tú solito te darás cuenta de tus propios errores y éxitos, mirando al pasado. Mira hacia atrás de vez en cuando, claro que sí, pero solo para aprender y recordar, no para quedarte a vivir allí.

3. HACIA ABAJO para no pisar a nadie.

Muchas veces hay personas que no miran a quién pisan, no miran ni les interesa ponerse en los zapatos de otra persona. Algunos dicen que para llegar a lo alto hay que pisar a los demás, pero no creo que sea así. Subir a base de pisotear a otros te trae muy mal karma, y del karma nadie escapa. El karma es una ley del Universo tan real como la gravedad. Dos cuerpos se atraen, igual que una mala acción atrae otra mala de regreso. Cuando tú pisas a alguien para subir un escalón, ese alguien podría ser la misma persona que te tenderá una mano el día que te caigas. Ese día entenderás las leyes de amor y respeto por las que se rige Dios y este mundo en el que vivimos. Nunca menosprecies a nadie, para que tu camino en la vida sea limpio y puedas progresar y ascender. Dicen que quien obtiene riquezas o poder pisoteando a la gente nunca llega a disfrutarlos. Vivirá allá arriba en su castillo de oro infeliz, amargado, porque sabe que ganó todo lo que tiene a base de pasar por encima de muchos. Su conciencia no lo dejará disfrutar. Porque puedes callar a tus enemigos que te critican, y silenciar a tus amigos que te dicen tus verdades, pero jamás podrás acallar la voz de tu conciencia.

Lo mal quitado no luce. Esa frase es tan sencilla como verdadera.

4. HACIA LOS LADOS para ver quién te acompaña en tiempos difíciles.

Hay muchas personas que dicen ser amigos tuyos cuando estás en los momentos buenos, como digo yo "en la papa", cuando te va bien, cuando tienes dinero y salud. Todo el mundo te ve y todos te felicitan. Cuando de repente algo te sucede y no te va tan bien, o se te fue la salud o andas con grandes penas de amor, esas amistades ni te buscan ni te llaman. Tienes que mirar quién camina a tu derecha y a tu izquierda en los momentos difíciles. Por eso decimos que en la prisión, como en el hospital, es donde se conocen quienes son tus amigos verdaderos. Quien te lleva una sopa cuando estás enfermo, quien te acompaña al abogado cuando estás pasando por un divorcio. Quien te regala una simple llamadita de teléfono porque sabe que andas triste. Cuando tienes para dar a manos llenas, todos se te pegan, y cuando ya no tienes qué dar, te sacan el pie, como decimos nosotros, te sacan el cuerpo.

Por eso siempre recomiendo ser precavido y que no hables tus cosas a todos los que contigo caminan en la vida. No sabes si esa persona es de los que se quedan a ayudarte o son amigos por puro interés. Calladito te ves más bonito. No cuentes todo lo que te pasa al primero que veas. Deja que las cosas se hagan realidad o se solucionen y entonces las proclamas a los cuatro vientos. Tú solito sabrás distinguir quiénes son las buenas compañías y las malas compañías y con quiénes podrás verdaderamente desahogarte y contarles todo. Recuerdo muy bien el caso de un muchacho que se crio con su tía en un pueblito llamado Izúcar de Matamoros en Puebla, México. A los dieciséis años lo enviaron a vivir con su madre a Estados Unidos, donde la mujer ya había fundado otra familia. A su llegada no se sintió muy querido, pero pensó que era solo su imaginación, después de tantos años de separación. Pero el tiempo pasaba y él seguía sintiendo que no era parte de esa familia. Un día se enfermó y, efectivamente, nadie lo fue a visitar al hospital. Ni su madre ni sus medio herma-

nos. El único que llegó junto a esa cama donde yacía fue
un amigo. Ese día el joven se dio cuenta de que no tenía
familia, pero que a su lado no faltaba un buen compañero
para continuar el camino de la vida.

Nunca estamos solos. Mira bien a tus lados y descubrirás
quién te da la mano.

5. HACIA ARRIBA para que sepas que alguien te observa y
te cuida.

¿Cuántas veces miras al cielo al día? Seguro que sales
de casa, de prisa y tarde, te subes al carro y trabajas y luego
recoges a los niños de la escuela, y vas a la tienda… y ni
una sola vez volteaste los ojos hacia arriba para apreciar
el azul del cielo, las nubes y el sol, y dar gracias a Dios
por un día más en tu vida. Vayas a donde vayas, Él va
contigo. Siempre arriba, observándote, acompañándote.
Dios, Yavé, Jehová, Alá, el Creador, no importa cómo lo
quieras llamar, Él está siempre arriba, esperando a que
eleves tu mirada. Arriba están también tus ángeles, tus
protectores, tus ancestros, tus seres de luz, cuidándote a
cada paso que das. Si no subes tu mirada para dar gracias y
para saber quién ilumina tus pasos, no vas a poder caminar
sin tropezar. Mirar hacia arriba es mirar en la dirección
de la gratitud. Dar gracias al Señor, al Divino, por todo lo
que eres y todo lo que tienes. Orar a Dios, pensar en Dios,
mirar hacia Dios es de agradecidos. Mira hacia arriba y entenderás lo que te explico inmediatamente cuando sientas
el calorcito del sol en todo tu rostro.

Estas son las cinco direcciones que resumen mucho
de nuestras vidas, pero a las que yo me tomé la libertad de
agregar una más: una sexta dirección. Una dirección en la
que no pensamos mucho, y que quiero que comiences a re-
capacitar y meditar a partir de ahora, porque es, junto con
la de mirar hacia arriba (buscar a Dios), la más importante.

6. HACIA DENTRO, porque no podemos olvidarnos de nosotros mismos.

Si no te quieres, si te ignoras y te dejas siempre para lo último, tienes un problema que tarde o temprano te va a afectar. Porque el que no tiene amor propio, ¿cómo puede seguir dando amor a los demás? Recuerda que no puedes dar lo que no tienes. Por eso es tan importante mirar hacia dentro, escuchar qué es lo que quieres en la vida, qué te hace feliz, qué te mueve ese corazoncito, y entonces ve a buscarlo y regálatelo. Bien sea un cafecito rico, o esos zapatos que tanto te gustan, o tiempo para ir a una clase de yoga, o hacerte un licuado saludable. Mímate, conócete, quiérete. Tienes que ser tu mejor empleado e imaginarte que trabajas para ti, que eres tu propio asistente. Porque hay mucha gente que cree que ha nacido para sufrir y no es así. Todos venimos a este mundo a querernos y que nos quieran. Pero primero, ¡te tienes que querer! Si volteas tus ojos hacia dentro, descubrirás muchas cosas que no sabías de ti mismo. Y cuidadito, porque quererte no es rodearte de lujos o de cosas materiales, ni volverte un egoísta de esos que gritan: "Todo pa' mí". Esas son distracciones en el camino. Son tentaciones del ego. Riquezas, poder, caprichos… eso no es quererse. Quererse es escucharse, no juzgarse, tratarse con amor y cariño, y no olvidarte de que también tienes necesidades. Admiro a esas personas que se cuidan con mucha disciplina, que nunca faltan al gimnasio, que comen sano y respetan la dieta. ¡Quisiera tener esa disciplina de amor propio! Esas personas miran hacia dentro y ven su cuerpo y su mente como un templo divino. Confieso que me queda mucho por aprender en esto de mirar hacia dentro, pero hoy por hoy ya me cuido más. Ya no como carne roja, voy a clases de yoga y poco a poco espero poder conocerme mejor y cuidarme con el mismo amor que cuido a mi familia y a ustedes, mis amigos. Eso de "claridad de la calle, oscuridad de la casa" ya no funciona. Uno debe de mirar hacia dentro primero, para poder mirar luego hacia arriba, hacia abajo, hacia los lados y hacia atrás. Solo así estarás bien preparado para mirar con mejores ojos hacia delante. ¡Te deseo un feliz futuro!

Prométete a ti mismo en este instante poner en práctica estas cinco direcciones, más la que te regalo.

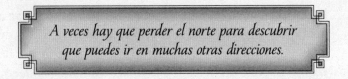

A veces hay que perder el norte para descubrir que puedes ir en muchas otras direcciones.

Estas cinco direcciones, más la que te he regalado, son esenciales para ayudarte a practicar la magia del LEREGO.

- Mirar hacia arriba y dar gracias a Dios te ayuda a **LE**vantarte, hayas sufrido lo que hayas sufrido. ¡Mira p'arriba y **LE**vántate!
- Mirar hacia atrás y hacia delante te ayudará a **RE**novarte. Mirando hacia el pasado verás lo que te hizo tropezar, y mirando hacia el futuro descubrirás tus posibilidades de cambiar lo que no te funcionó. ¡Mira p'atrás y p'alante y **RE**nuévate!
- Mirar hacia los lados, hacia abajo y hacia adentro te ayudará a **GO**zar. Hacia los lados y hacia abajo, porque la alegría y el disfrute vienen de la mano de los que te rodean y de los que no pisoteas y a los que también respetas y ayudas. Y hacia dentro porque nunca podrás disfrutar de la vida si no aprendes a buscarte a ti mismo y a escuchar lo que te hace feliz. ¡Mímate y **GO**za junto a los tuyos!

En este espacio en blanco quiero que anotes lo que ves y lo que sientes cuando miras en las seis direcciones de tu vida. Escribe aunque solo sea unas palabritas. Verás cómo la pluma y el papel, y este libro que es tuyo y mío, te ayudarán a enfocarte y a encontrar tu norte.

_____

_____

_____

_____

_____

_____

_____

_____

_____

_____

_____

_____

_____

_____

_____

_____

_____

_____

_____

_____

_____

_____

_____

_____

_____

_____

_____

13

LOS NÚMEROS TE HABLAN

Las matemáticas son el alfabeto
con el cual Dios ha escrito el Universo.
—GALILEO GALILEI, ASTRÓNOMO

Este es ya nuestro capítulo número trece. ¿Crees que es simple casualidad, o tal vez el capítulo y la página y hasta la hora en la que lo estás leyendo estén intentando decirte algo? Siempre te repito que las casualidades no existen y menos en este asunto de la numerología, que es la matemática divina. Porque divinos son también los números y hay que tenerles fe.

De hecho, estamos en nuestro capítulo trece y, a pesar de que para muchos es un número de mal agüero, ¿qué creen? Para mí es todo lo contrario. El trece siempre me ha gustado. Pienso que es un número como cualquier otro y que si le tienes fe, como yo le tengo, te traerá buena suerte.

Ahora te quiero contar lo que he aprendido de los números y su lado mágico y de cómo te van a ayudar a sumar LE + RE + GO. Primero, voy a empezar con una historia real. Tan real como que $1 + 1 = 2$.

Tengo un amigo, un joven empresario muy emprendedor, que me decía: "Niño, cada vez que voy a cerrar una transacción, me aparece el número 0809". Mi amigo no entendía por qué, pero ahí estaba esa cifra: en el número de la factura o en la hora, 08:09, o la matrícula de un auto que veía con 0809. Le dije: "Amigo, pregúntale a tu madre si esa fecha significa algo en tu familia. Siento que ahí hay algo que pasó un 9 de agosto. Averíguate qué fue."

Mi amigo, un poco incrédulo, no me prestó mucha atención y continuó con sus negocios. Le llegó una mala racha y perdió mucho dinero. Hasta que un día se acordó de mis palabras y le preguntó a su madre. Su madre le explicó que su abuelo se había suicidado un 9 de agosto antes de que él naciera. El abuelo materno se quitó la vida tras haberse arruinado por completo por unos malos negocios. ¡Mi amigo no lo podía creer!

Pronto el joven empresario aprendió que cada vez que aparecía un 0809 significaba que el negocio que estaba por hacer no era tan bueno y que debía poner atención. Con la ayuda del abuelo, mi amigo recuperó su buen tino en las finanzas y en los contratos y aprendió a leer esos números que nos hablan a gritos, aunque no los queramos escuchar.

Siento que los números son parte esencial del Universo, de algo infinito. Son un misterio y una maravilla. Toda nuestra realidad y nuestras vidas se componen de números. Desde el día en que naciste, hasta el dinero que manejas o el número de células en tu cuerpo. Imagínate una vida sin números. Es imposible. El Universo está hecho de números. La física cuántica, la magia, la ciencia, el arte, la misma astrología, todo tiene que ver con los números.

Por eso yo digo que la ciencia más cercana a Dios es la matemática, aunque no nos guste cuando somos chiquitos en la escuela.

Aquí te voy a dar mi visión muy personal de los números. Quiero compartir contigo un poquito de su significado y características, aunque la numerología es una ciencia en sí muy complicada y rica que me tomaría todo un libro para explicártela.

Esto es lo que los números me dicen a mí cuando los encuentro en mi camino:

1

Para mí, es emprendimiento, comienzo, el que lo marca todo. Representa también a Dios y a todo lo fuerte, lo divino y la perfección. El número 1 te va a indicar que esa es la hora y el momento de empezar con tus proyectos y poner manos a la obra.

2

Es lo que sientes, tus ideas, tus metas que ya están empezando a lograrse. El número 2 es la semilla que sembraste y ya le salieron ramas. En el 2, Dios ha tomado tus deseos y los está comenzando a manifestar para que lo logres. El 2 te indica que vas por buen camino, que sigas regando esa planta para que se dé.

3

Dios Padre, Hijo y Espíritu Santo. El número 3 representa a la Divina Trinidad y te indica que los grandes maestros espirituales están más cerca de ti que nunca. Pídeles, escúchalos. El 3 es siempre una respuesta positiva a eso que tanto quieres lograr y que con la ayuda del Padre, Hijo y Espíritu Santo vas a conseguir y tener pronto en tu mano.

4

Representa problemas, obstáculos, conflictos, dudas, indecisión y la palabra "no". Con el número 4 tus seres de luz y tus ángeles te dicen que tienes que ordenar mejor tus pensamientos, que tienes que cambiar de rumbo, de táctica y de camino. Tu respuesta será "no" a la pregunta que te haces.

5

Nos habla de cambios que ocurrirán tarde o temprano. Es tiempo de transición. No le temas al número 5, pues todo cambio sucede por algo. Y hasta los cambios que no parecen buenos terminan siendo algo positivo.

6

Significa turbulencias, fuerzas inesperadas y oposición. Estás pasando por algún momento difícil y hay energías muy negativas. Tienes que poner en orden tu vida, tus pensamientos y pensar en lo que realmente es bueno para ti. Busca tu necesidad emocional y pídeles a tus seres de luz mucha claridad y protección en este momento.

7

Estás recibiendo abundancia del Universo. Dios está feliz contigo. Tienes tus estrellas alineadas y todo indica que vas por buen camino en el curso de tu vida. Mantén siempre tu fe, tu esperanza y no te olvides de ser caritativo y de agradecer siempre a Dios. Para mí, el número 7 es el número de lo bello, de las siete maravillas del mundo, de las siete vueltas de mi adorada Anaísa.

8

Algo está llegando a su fin, tienes que estar preparado porque pronto se termina una etapa, ya sea en tu trabajo, en una relación o alguien o algo que se va de tu vida, se va a despedir de ti para siempre. Que nada te tome de sorpresa; tienes que permanecer fuerte y positivo.

9

Es el final, se acabó lo que se daba. Momento de prepararte para volver a empezar. Es el cierre de un ciclo. Todo en esta vida tiene un principio y un final. Nada es eterno, solo el amor de Dios. Y todo se termina para REnovarte y dar entrada a algo mejor. La palabra "fin" no te tiene que dar miedo ni nostalgia. El fin de algo es el inicio de otra nueva aventura en tu vida.

0

Es Dios que te dice que no estás solo. "Yo contigo, nadie contra ti", te repite este número 0. Eso que tanto te mortificaba ya completó su ciclo y quedó cerrado para siempre. Solo di la palabra "amén."

TU NÚMERO DE SUERTE SEGÚN FECHA DE NACIMIENTO

Hay muchas formas de obtener tu número de suerte en la numerología, pero la más común es con tu fecha de nacimiento.

Tienes que sumar todos los dígitos de tu fecha de nacimiento hasta que te quedes con un número menor a 10. Por ejemplo, si naciste un 15 de septiembre de 1982 tienes que hacer la siguiente suma: $1 + 5 + 9 + 1 + 9 + 8 + 2 = 35$, y luego $3 + 5 = 8$. Tu número de suerte es el 8.

Intenta usar este número de suerte personal en la lotería, por ejemplo en el número Mega o *Power* o esa bolita extra. También lo puedes usar en rifas o juegos de cartas. Y hasta puedes fabricar tu propio amuleto con el número de la suerte: compra una de esas pulseras a las que se les puede añadir dijes o amuletos y ponle tantos como indica tu número de suerte.

COMBINACIONES GANADORAS

Para todo juego de azar puedes encontrar tus números de suerte combinando fechas u otros números simbólicos en tu vida. Por ejemplo, la fecha en la que celebras a tus santos de tu devoción o las fechas de nacimiento de tus hijos. Mi mamá siempre dice que para ella la suerte está en el último número de su cédula de identidad junto con su fecha de nacimiento. Estas fórmulas personalizadas no son casualidad. Las eliges y combinas como por capricho, pero son tus seres de luz quienes te guían en esta matemática.

Yo, en particular, combiné mi número favorito, el 7, con el día en el que nací, que es el 15, y así obtuve 715. A veces uso la fecha en la que celebro a mi querida Anaísa: 26 de julio, es decir, 726.

La magia del LEREGO está impregnada de números. Como todo en este Universo, está compuesta y se apoya en cifras y dígitos. Y aquí te digo cuáles números te ayudarán a **LE**vantarte, **RE**novarte y **GO**zar.

- Cuando caes y tocas fondo, busca el número 1, que es Dios y significa origen, comienzo, para **LE**vantarte y comenzar a ver la vida desde arriba otra vez.
- Para cambiar de estrategias y dejar de hacer lo que estabas haciendo, que no te funcionó, apóyate en el número 5, que representa cambios. Es el número que te grita: ¡**RE**nuévate!
- Y a la hora de **GO**zar, **GO**za con el número 7, porque este número te trae abundancia ante Dios y el Universo. El 7 te da todo lo que necesitas para **GO**zar de la vida: felicidad, satisfacción, paz, gratitud y caridad.

Ahora quiero que hagas un poco de matemáticas. En nuestro espacio en blanco, anota tu fecha de nacimiento y suma todas sus cifras como te indiqué para encontrar tu número personal.

Quiero que cada vez que aparezca ese número en tu vida regreses a esta página y lo anotes. Por ejemplo: veo mi número de la suerte, el 1, en la terminación de una placa de un auto, o cada mañana miro el reloj y son justamente las 11:11, o visité a mi amigo que vive en el apartamento 1. Te sorprenderá, en unos meses, cuántas veces tu número se cruza en tu camino de manera muy especial. Con el tiempo verás muy claro el mensaje en estos apuntes.

_____

_____

_____

_____

_____

_____

_____

_____

_____

_____

_____

_____

_____

_____

_____

_____

_____

_____

_____

_____

_____

_____

14

DESENVOLVIMIENTO: TU VERDADERA RIQUEZA

*El que tiene miedo a la pobreza
no es digno de ser rico.*
—VOLTAIRE

Continuando con mis secretos y magias de la vida, tenemos que hablar del dinero, la bonanza y las finanzas. Pero te propongo que lo hablemos con otras palabras, porque dinero, billetes y millones no son las palabras que te van a llevar hasta el LEREGO. Hay otra manera: la de sentirse rico sin ser rico y la de vivir como rico, lo seas o no. Eso es lo que llamo desenvolvimiento y aquí te lo explico con lujo de detalles.

De chiquito, jamás me sentí pobre. Mamá lavaba y planchaba y Abuelita cocinaba para poder ganar unos pesos, pero ellas me llevaban siempre muy bien vestido y peinado; tanto, que los otros niños del barrio me llamaban el riquito de la calle Santomé. Yo pensaba, *¡Pero si no somos ricos!* Ahí comencé a darme cuenta de que ser rico o ser pobre es una actitud, no un número en el banco. Mi abuela y mi madre se encargaron de que nunca me sintiera pobre. Hasta se las arreglaron para enviarme a una de las mejores escuelas de mi país. ¿Cómo lo lograron si no tenían tanto dinero? La respuesta es con *actitud* y *desenvolvimiento*.

Mi madre y mi abuela caminaban por la vida con la *actitud*

de tener lo suficiente para ser felices y poseían inteligencia para actuar con *desenvolvimiento*. Eran capaces de hacer con dos pesos lo que otros lograban con diez. Eso es *desenvolvimiento*: no privarte de nada y buscar la manera de tener lo que te hace feliz con lo que Dios pone a tu alcance. Es saber hacer mucho con poco y gozar de cada logro. Esa es la verdadera riqueza de un ser humano.

ACTITUD

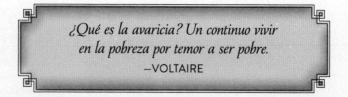

¿Qué es la avaricia? Un continuo vivir en la pobreza por temor a ser pobre.
—VOLTAIRE

He conocido ricos que se sienten pobres. Gente que tiene tantas cosas y todo en abundancia, pero siempre actúa como que le falta algo. Tengan lo que tengan, siempre dicen que no tienen, y viven angustiados de que mañana se les va a terminar. Tanta es su ansiedad que no disfrutan de lo que poseen el día de hoy. Irónicamente, viven en la escasez, sentados sobre la abundancia. Nunca se cambian de casa, porque es muy complicado hacer una mudanza; nunca fueron a esas vacaciones que tanto soñaron porque salían muy caras o su excusa era que podía ser un lugar peligroso. Aun con dinero en el banco, son incapaces de hacer cosas que otros logran sin tanto drama.

De la misma manera, hay pobres con actitud de rico. Porque todo en la vida es *actitud*. "Niño," me lloraba una amiga que se acababa de divorciar y andaba corta de dinero, "estoy invitada a esa fiesta, pero no tengo ropa para la ocasión". Le contesté con la verdad por delante: "Usted póngase el vestido que sea, créase que es el modelito más caro del mundo y entre por esa puerta como toda una reina. ¡Y olvídese de todo lo demás! Usted, cartera y guante, amiga". Tener o no tener no te define. Te defines solita si te pones límites.

Un verano me fui de vacaciones a Francia con una de mis mejores amigas. Al llegar a Mónaco nos hospedamos en el Hotel de París en Monte Carlo, aunque solo nos alcanzó para dos días en la habitación más económica. Una noche, al bajar al lobby, vimos tremendo revuelo. Resulta que estaba cenando ahí el príncipe de Mónaco. Era una recepción privada, en la que cada plato costaba miles de dólares. "Amiga, vamos adonde el príncipe, vas a ver que vamos a entrar y lo vamos a saludar". Mi amiga y yo le pedimos al encargado que nos dejara pasar un minutito al lujoso salón. Obviamente, nos dijo que no, pero a la segunda vez, nos miró con cara divertida, y suspiró: "Ahhh, estoy ciego, mudo y sordo, ni los vi, pasen, pero yo no los vi". Y se volteó para otro lado. Yo agarré a mi amiga por el brazo y entramos en la recepción caminando muy elegantes. Todos los invitados eran puros condes, marqueses y magnates del Medio Oriente. Nos sentaron en una mesa, muy cerca de Alberto II. Para nuestra sorpresa, el príncipe, al final de la noche, cuando se iba, se acercó y se despidió de nosotros muy cordialmente. Creo que se imaginó que éramos los representantes de alguna corporación o embajadores de algún país lejano. Y es que así es la vida: pura *actitud* que demostramos para ser uno más en ese bello salón y puro *desenvolvimiento* que tuvimos para poder entrar.

Con cada paso, cada palabra y cada actitud estás atrayendo o espantando a las oportunidades, la buena suerte y la prosperidad. ¡Y ni cuenta te das! Yo creo mucho en el poder de la atracción, como expliqué antes. Si todos los días te levantas y dices que te va a ir mal, seguro que te va a ir mal. Es matemático. Si te despiertas positivo, te prometo que terminarás el día bien. Si te la pasas soñando que viajas y viendo esos viajes en tu cabeza, tarde o temprano te subirás a un avión rumbo a un lugar exótico. Si te la pasas pensando que tu jefe te va a correr, lo más seguro es que un día te corra. ¡Y luego no pongas cara de sorprendido! Los pensamientos se convierten en *actitud*, y la actitud en realidad.

Y con buena *actitud*, lo único que te falta para vivir en la abundancia es el *desenvolvimiento*.

DESENVOLVIMIENTO

Cuando tú sueñas con millones de dólares, ves un boleto de lotería. Yo, en cambio, veo *desenvolvimiento*. Esa es la palabra que uso mejor que la palabra dinero. Yo le pido a Dios *desenvolvimiento*, no millones. El *desenvolvimiento* no se acaba jamás, el dinero sí. Porque el *desenvolvimiento* me permitirá avanzar y caminar en la vida con o sin dinero. *Desenvolvimiento* es hacer circular el dinero que llega a tus bolsillos y saber aprovechar las oportunidades que te llegan. *Desenvolvimiento* es que esa energía pase por tus manos, vaya y venga, y tú puedas realizar tus sueños, tus viajes, tus negocios, comer donde quieras y disfrutar de la vida. El que sueña con dinero es estático, es querer tenerlo y no soltarlo. Yo sueño con circularlo, con poder hacer cosas con poco o con mucho. Yo sueño con oportunidades, negocios, viajes, inversiones, proyectos y maneras de que sucedan. *Desenvolvimiento* es también ser capaz de disfrutar de todo lo que quiero y cuando quiero, sin estar atado a una cuenta de banco que sube y baja. El dinero va y viene. El *desenvolvimiento* va más allá: una vez que lo tienes, nunca lo pierdes. Una vez que eres capaz de hacer magia con poquito, te vuelves un gran mago para siempre. En inglés le llaman ser *resourceful*, ser ingenioso.

Para volverte un mago del *desenvolvimiento*, tienes que saber ahorrar, invertir y rodearte de gente que te pueda ayudar. Debes tener una visión de prosperidad sin límites y convertirte en una persona de recursos.

Por eso me siento millonario en *desenvolvimiento*, porque siempre he encontrado cómo realizar mis sueños, con o sin grandes cantidades de dinero. Si piensas que solo vas a ser feliz cuando tengas cientos de miles de dólares, te equivocas. Conozco millonarios que no tienen ni gotita de *desenvolvimiento*. Son incapaces de hacer aquello que desean y les hace feliz. Son incapaces de ver las grandes oportunidades y sus vidas se les van en contar su dinero una y otra vez, o en seguir ganándolo como siempre lo han hecho, aunque eso no les traiga ninguna felicidad.

Si dejas de pensar en cómo amasar una gran fortuna y comienzas a poner tus energías en cómo ganar *desenvolvimiento*, te prometo que tu vida va a cambiar. Tu vida dará un giro de 180 grados y verás de todo lo que eres capaz, con o sin esa tarjeta negra o plateada. Con un simple dólar en tu bolsillo podrás obrar el milagro de la bonanza y la prosperidad que tanto has deseado.

María Félix decía: "Ah, el dinero no da la felicidad, pero cómo calma los nervios". Yo digo que el dinero da muchos dolores de cabeza, el *desenvolvimiento* te los quita y te hace verdaderamente libre y feliz.

Y te tengo buenas noticias: aunque tú seas de mentalidad negativa, hay recetas que puedes poner en práctica para cambiar tu *actitud*, adquirir *desenvolvimiento* y atraer la bonanza a tu vida. Solo necesitas un par de ingredientes y fe. Atrévete a probar uno de estos rituales en los que no tienes nada que perder y sí mucho que ganar.

RITUAL PARA ATRAER DESENVOLVIMENTO
Ingredientes
- una piña verde
- un plato
- 7 cucharadas de azúcar morena
- 7 cucharadas de azúcar blanca
- 3 cucharadas de especias dulces (como clavo de olor, canela, nuez moscada y anís)
- un papelito
- una cerveza
- 7 cucharadas de miel de abeja
- una cucharadita melado de caña

Agarra la piña verde y colócala sobre un plato. Quítale la parte de arriba como si fuera una tapa. Luego, sácale el corazón y déjala hueca. Dentro, pon el azúcar negra, el azúcar blanca y las especias dulces. Acto seguido, mete una foto tuya y un papelito con la palabra *desenvolvimiento* escrita. Échale la cerveza, la miel y el melado de caña. Una vez tengas todo dentro, la vuelves a tapar con el pedazo que cortaste.

Deja la piña con su plato en un rincón durante nueve días y dedícala a las metresas. A los nueve días tírala al río o déjala en medio del monte, para que se la coman los animales.

La piña y los jugos dulces representan la fertilidad, la prosperidad y la abundancia, todas aquellas cosas que van ligadas al *desenvolvimiento*.

EL BUDA GORDO

¿Quién no tiene en casa una figurita del Buda panzón y risueño? Es una decoración china muy popular que la venden ya en todos los países. Realmente no se trata del propio Buda, quien supuestamente era delgado y muy espiritual. Este Buda dorado y gordito es la imagen de un monje que se llamaba Budai, de ahí que terminaran llamándolo Buda también. Dicen que este monje era muy generoso y próspero, por eso se le asocia hoy con la bonanza y el dinero.

Ingredientes
    una figurita del Buda
    un plato
    un puñado maíz
    un poquito de ajonjolí
    un par de billetes
    un poquito de escarcha dorada, plateada y cobriza

El ritual es muy sencillo: coloca la figurita del Buda en un plato, ponle maíz y ajonjolí alrededor. Le pones unos billetes debajo y lo salpicas con escarcha dorada, plateada y cobriza. Coloca el plato en un lugar en alto de tu casa, para evitar energías pesadas que siempre andan por abajo, cerca del suelo. A mí me gusta más el Buda que tiene las manos hacia arriba por su actitud alegre para atraer el *desenvolvimiento* y la buena suerte.

Cada vez que te llegue dinerito, no olvides agradecerle a tu Buda y ponerle alguna moneda o billetito nuevo. Las energías en torno a ese plato tienen que seguir vibrando siempre al mismo nivel. ¡Que no decaigan tus intenciones ni tus motivaciones! El Buda y los billetitos que le pones serán tu recordatorio de que no debes de dejar de vibrar en esa dirección.

Recuerda que, al final, siempre serán tu fe y tu nivel de energía los que obren el milagro.

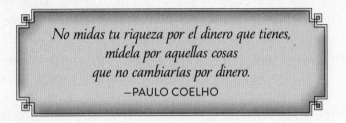

No midas tu riqueza por el dinero que tienes,
mídela por aquellas cosas
que no cambiarías por dinero.
—PAULO COELHO

El LEREGO es la base del *desenvolvimiento*. Dinero y fortuna cualquiera los puede lograr, y tener millones en el banco no te garantiza que vas a ser capaz de **LE**vantarte cuando algo te vaya mal o de **RE**novarte y **GO**zar. Conozco gente con muchos ahorros que se hunde ante un disgusto y no halla manera de **RE**novarse y cambiar su rumbo, mucho menos de **GO**zar y de ser feliz.

Pero los que practicamos *desenvolvimiento* tenemos LEREGO en nuestras vidas. Aquí te lo demuestro:

- Para *desenvolverte* tienes que **LE**vantarte primero, de eso no hay duda. Caído y decaído no vas a poder dar ni un pasito en esta magia tan efectiva.

- Para **RE**novarte tienes que tener *desenvolvimiento*, tienes que ser creativo y ver por dónde le das, cómo te las ingenias y cómo te reinventas. Y viceversa: para tener *desenvolvimiento* tienes que saber **RE**novarte, inventarte nuevos caminos y saber buscarlos por lugares poco convencionales.

- Para **GO**zar no basta el dinero, eso ya lo explicamos. El dinero solito no da la felicidad. El *desenvolvimiento* de por sí trae el verdadero **GO**zo. Porque el *desenvolvimiento* es el arte de lograr las cosas que te gustan y te hacen feliz, tengas o no dinero. Eso es saber **GO**zar: un helado en la playa, un paseo en un auto nuevo que lograste comprar a mejor precio y pudiste pagar, la apertura de tu negocio que conseguiste con ayuda de un socio. No tienes que ser Rockefeller para **GO**zar y tener grandes y pequeñas satisfacciones. Lo que necesitas es ingenio, creatividad, inteligencia y valor. Todo eso es el *desenvolvimiento*.

Ahora, ya sabes lo que tienes que hacer en esta hojita en blanco. Es toda tuya. ¡Pon todo tu LEREGO a trabajar!

Escríbeme siete cosas que quieres lograr con desenvolvimiento. Siete cosas para las que necesites ingenio y valor. Al terminar de escribirlas, repite lo siguiente:

"En el poder de mis buenos seres de luz, que mis siete desenvolvimientos que mando al Universo sean concedidos. Amén. Así es y así será. Con Dios todo, sin Él nada. LEREGO, LEREGO, LEREGO".

_____

_____

_____

_____

_____

_____

_____

_____

_____

_____

_____

_____

_____

_____

_____

_____

_____

_____

_____

_____

_____

_____

15

¡APRIETA!

Hay tres cosas que cuando se van
nunca regresan:
El tiempo
Las palabras
Y las oportunidades.

Cuando doy La Copa de la Suerte en mi segmento diario de los números para juegos de lotería, siempre digo: "¡Apriétalo!". Así decimos en mi país cuando te gusta un número y sientes que te dará suerte. Te animamos a que lo agarres, no lo sueltes y no lo dejes ir.

Esa misma técnica de apretar y no soltar la tienes que usar en los tres pasos del LEREGO y en otras cosas de tu vida, no solo en los números de la suerte.

Nos pasamos tiempo pidiéndole a Dios, a Buda, a los santos y a todos nuestros seres de luz por aquello que queremos y cuando te ponen delante las oportunidades, las dejas ir, porque tal vez no las viste, porque tal vez tuviste miedo. Quién sabe por qué, pero no apretaste fuerte cuando las tuviste en la mano y se te volaron.

Conozco a una persona queridísima, muy intelectual, a quien amo, una buena amiga; una de esas personas que el Universo te pone en el camino tanto para que aprendas de ellas como para ayudarlas. Esta amiga siempre me decía: "Víctor, yo no creo en cosas espirituales. Yo, como Santo Tomás: Ver para creer". Pero un día, cansada de dos largos años sin novio ni amor en su vida, me pidió: "Víctor, hazme algo de esas cosas que le haces a la gente que acude a ti para el amor. Ya no quiero andar sola por la vida y no veo a alguien que valga la pena". Fui a su casa y le preparé un baño muy sencillo con mandarinas, miel y canela. Como siempre, lo herví todo junto y, cuando se enfrió, le dije: "Ahora métete en la bañera y te lo echas todo encima. Y pídele al Universo que te abra las puertas del amor".

Dos días después, mi amiga se fue con su perro al café de la esquina, al mismo café donde siempre iba y nunca veía ningún hombre que la atrajera. Esa mañana un tipo de pelo canoso, apuesto y vestido muy juvenil se le acercó y le dijo: "Qué perro más lindo". Mi amiga dice que el corazón le latió fuerte tres veces y solo pudo responderle: "Gracias". El hombre, que era obvio que quería empezar una conversación con mi amiga, volvió a chulearle el perrito: "¿Y cuántos años tiene?". Mi amiga le dijo que once y se quedó callada. ¡Como atontada! Pobre tipo, al ver que ella no hablaba mucho, se fue.

Cuando llegó a la casa, mi amiga la intelectual me llamó: "Ay, Niño. Ese hombre era tan bello, tan chulo, y me habló… y no llevaba anillo de casado… y… y… ¡no supe qué decir!". Casi la mato. ¿Cómo dejó escapar esa oportunidad? Debió "apretarlo", debió haberle contestado con alegría a su plática, y haberle preguntado: "¿Y tú tienes perros? ¿y vives cerca?". Cualquier pregunta habría ayudado a apretar, a agarrar esa oportunidad que el baño de mandarinas o el destino caprichoso le estaba poniendo delante de sus mismas narices. Ella, muy astuta, tendría que haberle dejado saber que "sí, somos tres: mi perrito, mi hijo y yo", para que el tipo se diera cuenta de que es una madre soltera y muy divorciada. "¡Niña!', la regañé con cariño, "aprieta cuando Dios te regala oportunidades, no te quedes como boba viéndolas pasar. Aprieta, porque de nada sirve mi magia ni la tuya si tú no reaccionas".

Tal vez ese encuentro no hubiera terminado en boda, pero quién dice que de ahí no hubiera surgido una bonita amistad. Quién dice que el tipo luego no la hubiera invitado a una fiesta y en esa fiesta hubiera conocido al verdadero hombre de sus sueños. Las oportunidades son puertas que se abren, y nunca sabes dónde te van a llevar.

Insisto: por más que yo te rece, te dé baños y tú le pidas a tus santos, las energías no esperan para siempre y se van a otro sitio. Y me replicarás con lo que siempre te digo: "Si fuera para ti, se hubiera quedado, porque lo que es tuyo, aunque te apartes". Sí, es cierto que cuando te toca, aunque te quites, pero si ni siquiera haces el intento, tampoco esperes que el milagro se haga solito.

APRIETA SIN MIEDO

Recuerda que la razón por la que no aprietas y no atrapas las oportunidades que llaman a tu puerta es siempre la misma: el miedo.

Miedo al fracaso, miedo a lo que no conoces, miedo a volver a empezar, miedo a que no te quieran, miedo a no estar a la altura, miedo a equivocarte, miedo al qué dirán, miedo a que te guste demasiado, miedo a que no te guste tanto como creías. Y así podríamos llenar diez páginas, con ese miedo, miedo y miedo.

El miedo nos ciega tanto que seríamos incapaces de ver siquiera un millón de dólares aunque nos lo pusieran enfrente. Y la única manera de quitarnos esa venda de los ojos es con mucha fe. Pero te estoy hablando de fe en ti mismo, que a veces es la más difícil de lograr. Las oportunidades no esperan y tu fe, y solo tu fe en ti, será lo que te haga apretarlas a tiempo.

A LA OCASIÓN LA PINTAN CALVA

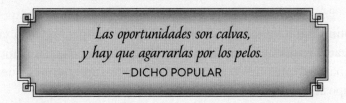

Las oportunidades son calvas,
y hay que agarrarlas por los pelos.
—DICHO POPULAR

Seguro que has escuchado eso de "a la ocasión la pintan calva" y te habrás preguntado qué significa. Aquí te cuento la historia de este dicho popular que tiene que ver con una diosa muy interesante.

Los romanos tenían una diosa llamada Ocasión, que era compañera de la diosa Fortuna. A la diosa Ocasión la representaban con una mujer de larga cabellera, pero calva por atrás, porque creían que las ocasiones u oportunidades hay que agarrarlas de frente y que una vez que pasan de largo no hay de donde retenerlas. ¡No pudieron explicarlo mejor!

A la diosa Ocasión la ponían sobre una rueda y con alas en los talones, porque las ocasiones van que vuelan y están siempre en movimiento. También la pintaban con un cuchillo en la mano, porque la ocasión pasa tan rápido que corta el aire.

De aquí viene esa expresión que decimos tanto: por los pelos. "No perdí el tren por los pelos... me libré de que me dieran una multa por los pelos". Porque lograste agarrarte en esa ocasión de los pelitos y no la dejaste escapar.

Ahora ya sabes que, con pelos o sin pelos, las oportunidades son para *apretarlas* tan fuertemente como puedas y agarrarlas como sea.

APRIETA EN EL TRABAJO

En tu trabajo, tienes que agarrarte de esa oportunidad que Dios te da para ganarte la vida. Caer bien es la mejor forma de "apretar" en tu carrera. Cae bien y respeta a todos, desde el jefe hasta tu asistente. Gánate sus corazones con respeto e integridad y verás que de ese trabajo nadie te tumba. Agárrate fuerte, que tu viaje profesional se va a poner bueno. Aprieta con respeto, optimismo y buena disposición. No hay nada peor que un empleado o un socio que siempre se está quejando, o que no quiere trabajar, o que ofende a los demás. Respeto, optimismo y buena disposición. ¡Aprieta fuerte!

APRIETA EN EL AMOR

En el amor tienes que apretar con coquetería, atrevimiento y aventura. Con sinceridad también. Esas son las cualidades que atraparán al otro y así no se escapará de ti. Tienes que usar al principio todas esas técnicas para atraerlo hacia a ti y seguir usándolas cuando ya sean pareja para que ese romance nunca se vaya de tu casa. Coquetería, atrevimiento, sinceridad, aventura. Que el amor no se te escape entre los dedos.

Con las cosas del amor, nunca puedes aflojar la mano. Nunca puedes bajar la guardia. El amor es algo que tienes que mimar, regar y cultivar con esa coquetería, esa aventura y ese poquito de locura todos los días del año. Si caes en una zona de confort, ese amor se te va a secar, se te va a apagar y se va a morir. De nada servirá entonces que intentes apretar de nuevo.

APRIETA SIN ASFIXIAR

Tampoco te pongas tan terco y tan persistente y aprietes tanto que la gente huya de ti.

Conozco a alguien que aprieta tanto que parece que va a explotar. Y es que tú también tienes que saber cuándo meter el freno y no pasarte de la raya. Por ejemplo, mi amiga, la que se fue al café y se encontró con ese hombre medio canoso, guapo, cincuentón y *sexy*. Si ella, en lugar de sacarle conversación casual y con astucia, le hubiera guiñado el ojo, le hubiera pedido el teléfono cuando lo saludó, le hubiera dicho que estaba soltera y buscando novio y con ganas de casarse, el pobre hombre habría salido corriendo y ni hubiera esperado por su café. En otras palabras, lo hubiera espantado.

Aprieta, sí, pero no asfixies. Tienes que ser perceptivo y saber cómo y cuándo apretar firmemente para decirle al Universo: esto es lo que yo quiero, esto es mío, esto se queda conmigo, esto es "pa' mí". Pero hazlo sin tragarte todo el oxígeno a tu alrededor.

Toda la magia del LEREGO es en sí una gran oportunidad. Con solo estar vivo y estar sano tienes la ocasión que Dios te regala para **LE**vantarte, **RE**novarte y **GO**zar; para salir del problema, ponerle remedio y celebrar y dar gracias. Dios te pone delante pequeñas ocasiones que tienes que ir viendo y apretando, para pasar del LE al RE y terminar en el GO. Las tres etapas están repletas de pequeñas y grandes ocasiones, oportunidades, con pelitos de donde agarrarlas y apretarlas con entusiasmo. ¡Aprieta tu LEREGO!

¿Te has preguntado cuántas oportunidades has dejado pasar en estos últimos años? Haz una lista aquí, en tu página en blanco. Escribe al menos tres oportunidades que no agarraste por los pelos y se te escaparon. Después quiero que hagas otra pequeña lista de las oportunidades que se te están presentando ahora y que no vas a dejar escapar. Prométeme que las vas a apretar hasta el final. ¡Aprieta sin miedo! Aprieta con sinceridad, porque la sinceridad será tu mejor herramienta en este ejercicio para lograr nuestro LEREGO.

_____
_____
_____
_____
_____
_____
_____
_____
_____
_____
_____
_____
_____
_____
_____
_____
_____
_____
_____
_____
_____
_____
_____

16

DIOSES, CUARZOS, VELAS, SANTOS: LA MAGIA DE MI ALTAR

*Y él construyó allí un altar
e invocó el nombre del Señor
y plantó allí su tienda.*
—GÉNESIS 26:25

Para toda magia en esta vida vas a necesitar un altar, un pequeño espacio sagrado donde la magia de nuestro LEREGO se pueda pedir y recibir y donde tus deseos sean escuchados.

No me importa si hablamos de aquel cuartito con los santos de mi bisabuela en Santo Domingo, o del altar principal de la Catedral de Nuestra Señora de Guadalupe en el Tepeyac o la Mezquita Azul de Estambul. Para mí todo altar es único, porque es la puertica siempre abierta para hablar con Dios, sin importar credo ni religión.

Ahora te voy a llevar a visitar mi altar personal. No se trata del altar grande que tengo en mi botánica de Nueva York. Este es uno más simple e improvisado que tengo en mi casa en dos estanterías muy sencillas. Quiero que te sientes en el piso junto a mí y observemos todas estas figuras, recuerdos y objetos que he acumulado de mis viajes y mis lecciones de vida.

Para mí, un altar puede ser algo tan básico y sencillo como una mesita con una copa de agua, una velita, un paño blanco y nada más. No es necesario un símbolo religioso. Eso ya es un altar en orden. Luego, si tienes fe en Cristo, en Alá, en Shiva, en la Pachamama o en Buda, puedes colocar esos símbolos correspondientes que para ti tengan gran valor. Un símbolo, una estatua, un dibujo, una roca o unos granos de arroz serán los recordatorios de la energía o vibración que quieres alcanzar. Es como cuando ves un corazón rojo y piensas en el amor. Así de bello y sencillo funcionan los símbolos.

En mi altar verás muchos santos o misterios, como yo los llamo, porque esa es la cultura de mi tierra, de mi isla mágica y querida. Yo crecí en la tradición de Los 21 Misterios o Las 21 Divisiones. Pero en mi altar también incluyo de todo un poco: cuarzos, velas, amuletos y demás. Como dirían mis amigos mexicanos: chile, mole, pozole. Cada objeto tiene una historia preciosa detrás que me recuerda la fe de quien me lo regaló y la enseñanza que aprendí.

En una esquinita tengo cuadros con grabados en color de oro de santos ortodoxos que me regaló mi amiga rusa. Leo sobre ellos y aprendo mucho. Al ladito, puse mis cuarzos, porque ante todo son preciosos y es un regalo de la Madre Tierra. Imagina la energía acumulada que lleva cada uno de estos cristales en esos millones de años. Una de mis piedras favoritas es una roja con forma de huevo alargado que me trajo otra amiga de la India. Es la piedra de Shiva Lingam.

No puede faltar una Virgencita de Guadalupe, la Morenita del Tepeyac. Creo que de todos los símbolos de amor y energía bella es uno de los más fuertes y milagrosos.

En una sopera tengo a Oshún, la diosa que representa el amor en la religión Lucumí, proveniente de África.

De mis misterios tengo al patrón y jefe de Las 21 Divisiones: San Santiago, Ogún Balenyó, al lado de la amabilísima Metresilí. Y por supuesto tengo a mi guía espiritual, Santa Ana, que representa a Anaísa Pie, la mujer de Las 7 Vueltas, al lado de su gran y querido marido, San Miguel Arcángel, conocido como Belié

Belcán. Debajo del altar, no pueden faltar San Elías, Barón del Cementerio, y Santa Marta la Dominadora.

Cerca tengo unas viejas cartas de tarot, que esconden una historia interesante. Están todas rotas y las intento pegar con cinta adhesiva por las esquinas. Me las regaló un hombre de fe y de magia en Perú. En uno de mis viajes, me trasladé hasta Piura y de allí monté en un burrito. Nos desplazamos junto a un precipicio hasta una aldea perdida en esas montañas de Dios. Allí vivía Rafael, este anciano sabio que todos conocían. El señor Rafael me hizo una limpia, me leyó sus cartas y sus símbolos de los incas y de la Madre Tierra y me dijo: "Tú eres luz y vienes con una misión grande en la vida. Viniste a dar luz a los que te rodean. Acuérdate que tienes que alumbrarlos cuando no entienden, cuando no escuchan y no ven, les tienes que poner tu luz frente a sus pies para que sepan qué paso dar". Ese día, cuando ya nos íbamos casi al anochecer, Rafael salió corriendo de su casita agitando algo en la mano. Eran sus cartas del tarot envueltas en un paño rojo. "Toma, las vas a necesitar más que yo. Cuídalas. Te las regalo", dijo con su sonrisa rodeada de arrugas. Al mes me contaron que el viejito chamán había muerto. Estas cartas en mi altar son mi símbolo de respeto a la tradición y magia inca y a la fe de Rafael, que me eligió para que yo las siguiera usando.

Junto a mis cartas siempre guardo un amuleto de barro que parece una varita chiquita con una estrella dibujada que me vendió un señor en Honduras, en la playa. Me lo dio en la mano y yo le pagué un dinero. Cuando me volteé dos segundos para guardar el amuleto en mi bolsa, el señor desapareció, ¡como por arte de magia! La playa era larga, enorme y estaba desierta. Solo quedaba el viento fuerte que venía de mar adentro.

Así es Dios, como el viento. Lo sentimos, pero no lo vemos. Tal vez por eso necesitamos altares y símbolos, para que no se nos olvide que Dios está en todas partes. Cuando venero a mis santos, venero lo que ellos representan: el amor, la luz, el bienestar, la bonanza. Venus, Oshún, Anaísa o la Diosa Afrodita para los antiguos griegos son los mil nombres para llamar al amor. Pon en tu altar lo que quieras, pero ponle amor. Krishna, Cristo, Buda o Yaveh, llámalo como gustes o te hayan enseñado, pero ponle Dios a tu altar, porque: Con Dios todo, sin Él nada.

INICIA TU PROPIO ALTAR

Algunos budistas no ponen absolutamente nada en sus cuartos de meditar. ¡Y funciona! Eso ya es un altar. Tu altar eres tú mismo, allí donde te encuentres. Ni siquiera necesitas un rincón en tu casa. Pero para recordarte que tienes que hablar con Dios cada noche o cada mañana, es bueno elegir esa esquina y poner en una mesita o en el mismo suelo un paño blanco, un vaso de agua y una vela. Como te dije, esas tres cosas son el primer paso, porque Dios siempre es luz (vela), pureza (blanco) y vida (agua).

Luego pon algo que represente a Dios. Después, elige otro símbolo que te recuerde el amor en el mundo, otro que te de energía, otro que te haya dado suerte en el pasado y otro que te inspire paz. Dios, amor, energía, suerte, paz. Con esas cinco cosas que representen esas vibraciones puedes comenzar tu altar que, con el tiempo y tus viajes en la vida, seguro que crecerá. Solo recuerda limpiarlo y cambiarle el agua y las flores de vez en cuando. Con ese hábito, estás recordándote a ti mismo que tienes que seguir vibrando justo a ese nivel y con esas mismas energías. Ni más ni menos.

Y ten presente que el altar más grande del mundo eres simplemente tú.

Un altar es, sin duda, el lugar perfecto para invocar la magia del LEREGO.

- A tu altar acudes a pedirle a Dios que te ayude a **LE**vantarte. La fe nos **LE**vanta de los más bajos abismos. Los santos nos elevan con sus ojos, sus historias de sufrimiento, sus vidas de mártires. Ellos, mejor que nadie, saben **LE**vantarse y elevarse hasta la gloria.
- A tu altar acudes a meditar a veces, cuando no sabes qué próximo paso debes dar y cómo **RE**novarte. Vas a tu altar para que tus santos, tu Dios, tus creencias, tus seres de luz ahí presentes te iluminen el camino, te den esa luz para **RE**novarte. Tal vez eres una de esas personas que creen que solo saben hacer una cosa y en tu oración o meditación descubres qué otra cosa puedes hacer para **RE**novarte. Pide señales ante tu altar para que te indiquen el camino hacia la **RE**novación.
- A tu altar también acudes a dar gracias por todo lo bueno que has disfrutado, lo bueno que has **GO**zado o que quieres un día **GO**zar. No es pecado pedir por cosas buenas, por pequeños y grandes placeres que alegran la vida. También puedes alcanzar otra clase de **GO**zo frente al altar: es el **GO**zo del alma. Es el más bello **GO**zo del mundo, cuando le hablas a Dios, cuando estás en ese altar y te invaden la alegría contagiosa y la paz, la fe y la felicidad. Por eso hablamos de **GO**zar con Dios y los buenos seres de luz. Cuando sientes la energía de esos misterios universales y eternos es cuando sientes verdadero **GO**zo.

Ahora es tu turno. Inspirándote en los recuerdos de cuando de niño te llevaban a la iglesia o al templo y te quedabas solo frente al altar, escribe en esta, tu página, qué cosas pondrías en tu altar personal. Escribe al menos tres símbolos que pondrías y por qué. Quiero saber qué te inspira y qué te mueve espiritualmente. Y recuerda que todo símbolo es bueno si te conduce hasta Dios.

_____
_____
_____
_____
_____
_____
_____
_____
_____
_____
_____
_____
_____
_____
_____
_____
_____
_____
_____
_____
_____
_____
_____
_____
_____
_____
_____

17

PROTECCIÓN

Ningún mal habrá de sobrevenirte,
ninguna calamidad llegará a tu hogar,
porque Él ordenará que sus Ángeles
te cuiden en todos tus caminos.
—SALMO 91 (90): 10-12

Desde la Biblia hasta la luna, todo lo que te rodea te habla de lo poderosas que son las energías a nuestro alrededor. Es innegable que existen buenas energías y malas energías y que todos los seres y objetos a nuestro alrededor nos influyen con sus vibraciones, queriendo o sin querer. Científicos y religiosos admiten que las energías te afectan y que pueden cambiar tu destino. E igual que cambian tu destino pueden afectar, para bien o para mal, nuestra magia del LEREGO.

Mira el caso de la luna. Ese pequeño cuerpo celeste tiene mucho que ver en la vida de los seres humanos. La luna ocasiona las mareas; con su fuerza de gravedad la marea sube, la marea baja, dependiendo de cuán cerca esté la luna de la Tierra. Esa misma energía que desprende la luna nos afecta también a nosotros, los seres vivos, para bien o para mal. En noches de luna llena, hay personas que se vuelven muy agresivas; otras se ponen muy sensibles y lloran por todo. Hay algunas personas a quienes la luna llena los impregna de poder irresistible y los hace sentirse invencibles.

La luna es mi más claro ejemplo para demostrar que las energías nos afectan. Y, de igual modo, creas o no en los hechizos o en el mal de ojo, lo que las otras personas hacen o dicen o desean a tu alrededor te va a afectar. No importa qué religión sea la tuya, aunque seas ateo, las energías te van a alcanzar y van a influir en ti y en tus planes, en tu vida, en tus sueños y en tus metas.

Por ejemplo, no me negarás que entras a una casa y rápidamente sientes buenas o malas energías. Si entras a una casa donde reina el amor, respiras con alivio y te sientas, y nunca te quieres ir de lo a gusto que estás. En otras casas, por muy bonitas que sean, muy lujosas, con mucha luz que entre por las ventanas, te sientes incómodo y ya te quieres ir. No son los lujos ni la decoración, es esa vibra que se arrastra por las esquinas y por detrás de las puertas y que llena el hogar. Hay quienes llenan sus casas de esas vibras porque son las que ellos llevan en su corazón o porque han dejado que otros las atraigan dentro de su casa. Igualmente hay personas que impregnan sus hogares de amor, paz, honestidad, gratitud y alegría, y esas casas, aunque sean humildes y viejitas, se convierten en verdaderos paraísos donde todos somos bienvenidos y nos sentimos cómodos. Las buenas energías son la mejor decoración que le puedes dar a tu hogar. Olvídate del sofá caro o la televisión plasma de sesenta pulgadas. ¡Buenas vibras!

Igual que las casas y los lugares retienen energías, nuestros cuerpos también.

Y las energías en las personas se sienten, no hay que ser ni vidente ni científico para que lo sepas. ¿No te ha pasado que conoces a alguien y te cae mal? Y te preguntas por qué, si no te ha hecho nada. Sientes que su vibra es extraña y no te inspira confianza, y tu cuerpo energético rechaza a esa persona.

En ocasiones, las personas ni cuenta se dan de que arrastran energías raras. Conocí a una mujer que me confesó que todo lo que ella deseaba se cumplía de una manera extraña y no siempre para bien. Sufría de mal de ojo. Si ella decía: "Ay, qué bonito jarrón", alguien le daba un codazo al jarrón y se hacía añicos. O le decía a una amiga: "Qué auto tan bonito tienes". Al día siguiente alguien chocaba el auto en el estacionamiento. Sin querer, sus energías causaban estragos a su alrededor. Su energía, sin saberlo, era tan ponderosa que salía sin control en todas las direcciones. Le aconsejé que estudiara, que aprendiera y se preparara para canalizar ese don, ese torrente. Y que la única manera de canalizar esa energía de manera positiva sería acercándose mucho a Dios.

Igual que algunas personas nacen con buena energía, hay otras que nacen con mala energía, o la adquieren con los años. Algunos son conscientes de su maldad y no les importa. Al contrario, disfrutan de esa maldad. Otros no es que sean malos, sino que no saben que su energía daña. Es así como esas personas pueden causarte grandes dolores de cabeza y grandes problemas, mientras creen que te están haciendo un bien. A estos yo los llamo amigos tóxicos, que traen contaminación a tu vida.

De todas las energías negativas, hay dos que destacan por su intensidad y que pueden ser tan destructoras como el peor de los terremotos. Te estoy hablando de la envidia y del rencor.

LA ENVIDIA

No codiciarás los bienes ajenos.
—DÉCIMO MANDAMIENTO

La envidia es la reina de las energías negativas. ¡Cuánto daño hace la envidia! Es una vibración muy fuerte que arrasa con todo. La envidia es difícil de detener. Por más que quieras que no te afecte, te afecta. Pero más afecta al que la siente, al que la alberga en su corazón.

La peor brujería del mundo es la envidia. La envidia corroe, la envidia mata, la envidia envenena. Y no existe eso que dicen de que hay envidia buena y envidia mala. Toda envidia es mala. Una cosa es codiciar, otra es ambicionar. Eso que llaman envidia buena no es envidia, sino ambición y eso no es malo. Puedes decir: "Oh, mira qué auto tiene esa persona, yo lo quiero". Eso no es envidia, es admirar en los demás y querer lo que ellos tienen, pero sin desearles ningún mal a ellos. Eso es ambicionar y admirar. Codiciar es envidiar y punto. Eso es envidia y es mala; nunca puede ser buena.

Y la envidia ha encontrado en Facebook, y en todas las redes sociales, a su mejor aliado. Hay quienes se la pasan observando lo que hacen los demás en todo momento y se sientan a alimentar su envidia. Con cada foto que ven de una amiga de vacaciones en una bonita playa, o con cada foto que ven de alguien que está disfrutando en un bonito restaurante, su envidia se infla como globo. Las redes sociales son campo fértil para que crezca la envidia. Y cuidadito con los que se la pasan publicando fotos de sus automóviles nuevos, de sus bolsos y sus lujos. Muchos solo ponen esas fotos para crear envidia a su alrededor. Tengo una teoría: los que quieren despertar la envidia se tendrían que analizar con honestidad. ¿No serán ellos personas envidiosas y por eso quieren provocar envidia? ¿Será que están atrapados en un círculo vicioso? O tal vez es que no encuentran nada mejor que hacer.

Por último, la envidia siempre hace más daño a quien la siente que a quien la recibe. El que juega con fuego se quema, el que guarda veneno para repartir, se envenena.

La envidia existe solo en aquellas personas
que no saben aceptar la felicidad de los demás.
—FRASE POPULAR

EL RENCOR

El rencor es otra de las energías negativas que hieren y acaban con sueños y vidas.

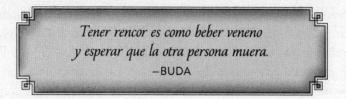

*Tener rencor es como beber veneno
y esperar que la otra persona muera.*
—BUDA

El rencor es muy frecuente entre las parejas, o mejor dicho, ex parejas, cuando el amor se acaba. Y entre las familias, por cosas pasadas, herencias, malentendidos y celos. Y también en el trabajo. De repente, tu compañero de oficina te gastó una jugada y se quedó con el puesto que querías. El jefe se lo dio a él, y comienzas a vibrar en ese nivel del rencor. Sin saberlo ni sentirlo, cada vez estás más amargado por ese rencor. Ni cuenta te das, pero tu sonrisa ha cambiado, tu paciencia se acaba rápido, ya no te divierte llegar al trabajo y ver a esa persona triunfando. Ya no te cae bien. Sabes que te la jugó y no lo perdonas. Poco a poco, el rencor se va comiendo tu luz. Los que te rodean notan que te pasa algo, que estás más gris, más negativo y que tu cara luce diferente. Es hora de pisar el freno y ponerte a analizar qué te está pasando. Es hora de cambiar de actitud y de energías, porque el que se está envenenando eres tú y solo tú. ¡Al otro no se le amarga la vida porque tú andes todo amargado!

El rencor hace verdaderos estragos en el alma y en la cara, que es el espejo del alma. ¿Has visto gente viejita, muy viejita, llenos de arrugas, pero con unos rostros que irradian esa felicidad interior? Son las personas que no dejaron que el rencor se los comiera por dentro. En cambio, hay otros viejitos cuyas arrugas los afean, los hacen oscuros, y cuando los ves dices: "Ay, qué mal envejeció esta señora, o este señor". Es porque les falta la luz del alma. El rencor se la devoró.

Creo firmemente que el rencor, como la envidia, puede generar hasta una enfermedad física. No sería la primera vez que alguien cae muy enfermo por un disgusto, o por la frustración de que algo no salió como él quería.

Las mejores medicinas para el rencor son el amor, el perdón y la comunicación. Si eres quien lo siente, acércate a Dios y ama a tu prójimo, no importa lo que te haya hecho. Toda religión ayuda a curar el rencor porque toda religión habla del perdón y te enseña a practicarlo. Recuerda que Cristo nos dijo: "Pon la otra mejilla". Si no sabes cómo empezar a perdonar y a soltar rencor, habla de esto con tu mejor amigo o guía espiritual. Diles: "Mira, le tengo rencor a esta persona por esto o lo otro, y no quiero odiarlo". Deja que tu amigo o guía espiritual te ayude, te convenza y te llene de buenos consejos.

Otro gran remedio para el rencor es ir directamente a la fuente: ve a la persona a la que le guardas rencor (esa compañera, ese ex novio, esa hermana o ese cuñado que te ofendió) e invítalo a comer. Pregúntale cómo está, en qué lo puedes ayudar y dile que, aunque te molestó lo sucedido, no quieres guardarle rencor. ¡Que él te ayude a superarlo! Con este diálogo abrirás una puerta mágica: la de la comunicación. Convertirás a ese que creías que era tu enemigo en tu amigo. Y convertirás el rencor en amor. Para poder hacer esto te vas a tener que tragar tu orgullo y tu soberbia. No es fácil, pero una vez que lo logres, vas a estar un pasito más cerca de Dios. Mira los santos cómo siempre perdonaban a quienes los perseguían o torturaban. El perdón te librará del rencor y te hará libre.

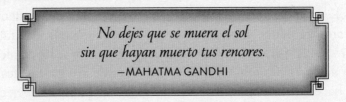

No dejes que se muera el sol
sin que hayan muerto tus rencores.
—MAHATMA GANDHI

Nos guste o no, la envidia, el rencor, los celos y otras vibraciones bajas nos rodean y nos persiguen. Y de alguna manera te tienes que proteger de ellas. En algunas tradiciones se trabajan el mal de ojo, los hechizos y los conjuros para desear un mal. Creas o no en estas cosas, siempre habrá quien te desee maldad y haga algo para enviarte ese torrente de mala vibra. A veces lo harán por medio de conjuros, trabajos o por simples deseos invocados en voz alta (ojalá que fulano pierda su trabajo… ojalá que a mengana la deje el marido). Porque igual que existe quien te desea el bien, existe quien te desea el mal.

Lo bueno es que también existen maneras de protegerte de estas energías que no quieres en tu vida.

BUSCA LA LUZ

Dios te protege siempre. Estar cerca de Dios te hará fuerte y resistente a todo mal deseo. La fe es el mejor escudo para que no te afecten las malas energías. Busca a los seres de luz, tus santos, tus guías espirituales, tus arcángeles o en lo que creas y donde deposites tu fe. A la sombra de Dios, nada malo puede pasar. Con Dios todo, sin Él nada.

Además de tu fe, puedes recurrir a amuletos, plantas y rituales que nuestros ancestros han usado durante miles de años. Aquí te doy algunos ejemplos de esta magia para protegerte a ti y a los tuyos, y para que en tu vida solo haya lugar para vibraciones altas, elevadas, que son las que te mereces.

AZABACHE PROTECTOR

El azabache es uno de los mejores escudos protectores que nos regala la naturaleza. Es una piedra semipreciosa, negra como la noche y con unas cualidades muy especiales. El azabache tiene alto poder energético y vibratorio, por lo que la han utilizado como talismán durante más de diecisiete mil años.

Puedes llevar el azabache en aretes, anillos, dijes o simplemente un pedazo en tu bolsillo. Lo recomiendo incluso para los niños chiquitos. Coloca una piedrita cerca de la cuna del bebé. No la pongas dentro, no es recomendable dejar nada donde duermen. Escóndela cerquita de la cuna, en un lugar seguro.

Pero el talismán más misterioso y esotérico que se hace con

azabache es la famosa Higa, o mano negra, o mano de la diosa, o mano poderosa, o ciga o figa. Es similar en sus propiedades a la mano de Fátima de los musulmanes o la mano de Miriam de los judíos. La Higa tiene infinidad de nombres, pero siempre es igual: una mano tallada en azabache con el puño cerrado que muestra el dedo pulgar entre el índice y el corazón. La Higa ahuyenta el mal de ojo, la envidia y los celos. Dicen que una vez que se rompe, porque el azabache no es muy duro y termina quebrándose, hay que enterrarla y reponerla con otra. Eso significa que ya cumplió su misión de absorber lo negativo a tu alrededor.

UN HILITO ROJO

Desde Madonna que lo puso de moda hasta Paulina Rubio que siempre lo lleva. Estoy seguro de que has visto a muchos con ese hilito rojo en la muñeca izquierda. Es una tradición de la Cábala muy bonita. Necesitas un hilo rojo de seda o de lana. Busca a un amigo que admires mucho y dile que te lo ate en la muñeca izquierda con siete nudos. Mientras te lo ata, tienes que hacer una promesa: "Mi querido Dios, si me proteges de todo mal… yo te prometo que iré a la iglesia o al templo… te prometo que dejaré de comer carne… te prometo que dejaré de fumar". Tienes que hacer una manda, una buena promesa y, cuando se rompa ese hilito rojo, te vas preparando para cumplir lo que hayas prometido. Porque Dios siempre te cumple.

PROTEGE TU CASA

Pon detrás de tu puerta una mata de ruda. La ruda es infalible contra la envidia, el rencor y los hechizos de cualquier tipo. También puedes poner una planta de sábila con una cinta roja alrededor de la maceta. La sábila limpia, recoge y absorbe malas vibraciones y purifica.

Pon flores blancas frescas en la sala y en tu habitación. Nunca artificiales. Tienen que ser frescas y retíralas en cuanto se sequen.

Flores secas en un hogar estancan la energía de mala manera. No las recomiendo. Las flores de todos los colores, y en especial las blancas, hacen que las energías circulen. Es como abrir una ventana para que se ventile tu vida.

San Miguel es el santo protector del hogar para alejar lo malo, al igual que Santa Bárbara. Si vas a elegir un santito para tu nueva casa, busca una figurita o una estampa de San Miguel o de Santa Bárbara y colócala en un lugar en alto para que extienda su protección por toda la casa.

El palo santo también es muy popular para proteger hogares. Consigue dos pedazos de palo santo y haz una cruz con ellos. Cuelga esta cruz en la puerta de la entrada, en su lado interior, para que quede dentro de tu hogar.

PROTEGE TU AMOR

No sería la primera vez que alguien quiere separar a una pareja enamorada. A veces hay terceros que se quieren meter de por medio y romper eso tan bonito que llamamos amor. Si sientes que tu amor despierta envidias o que hay energías extrañas alrededor de ti y de tu pareja, consigue dos anillos de azabache. Uno para él o ella, y el otro para ti. Antes de ponérselos, rocíalos con agua bendita y con unas gotitas de ron blanco. Le regalas uno a tu amor y el otro lo guardas para ti. Ya te dije que el azabache es una piedra que se ha usado para protección desde hace miles de años.

PROTEGE TU TRABAJO

Puedes poner en tu trabajo una imagen de Shiva, el dios hindú. Pon su imagen hacia el frente de tu escritorio, donde la gente entra y te ve y lo ve. Shiva es el dios hindú que crea, protege y transforma el Universo. Es el padre de Ganesha. Y sus energías han sido puestas a prueba por millones de creyentes a lo largo de miles de años. Tanta energía bella acumulada tiene que funcionarte a ti también.

Si prefieres alguna costumbre más latina, puedes poner algo de palo santo en tus cajones o cerca de la computadora. Nunca está de más. Ya sabes que el palo santo es un árbol que crece desde la península de Yucatán, México, hasta el Perú. De su tronco se sacan astillas gruesas o palitos que nuestras culturas han usado para atraer la buena suerte, ahuyentar los malos espíritus y hasta para curar desde el resfriado hasta la otitis. El aroma que desprende el palo santo al quemarlo dicen que es tan poderoso como el de la famosa salvia, la mirra o el incienso. No te recomiendo que lo prendas en la oficina, no sea que se disparen las alarmas de humo. Mejor compra el aceite de palo santo y ponlo en un difusor de aromas. En casita sí puedes quemar algo de palo santo para sacar esas vibraciones que no te hacen bien. ¡Pa'fuera lo malo, pa'dentro lo bueno!

PROTEGE TU AUTOMÓVIL

Cuando tenemos un auto, lo queremos cuidar, pues logramos obtenerlo con mucho esfuerzo. Algunas veces se suben personas que no son de nuestro agrado y toda esa mala vibra y energía negativa se quedan allí. O tal vez sientes que últimamente te ponen muchas multas de tráfico o has tenido algún choque. Para limpiar esas energías en tu vehículo, te recomiendo utilizar un coco. Asegúrate que contenga agua y le añades agua de rosas, agua bendita y después le untas cascarilla por fuera. Ponlo en el baúl de tu auto, mantenlo allí por veintiún días y después rómpelo en un cruce de calle. Hay veces que ellos solitos explotan. Si esto te sucede antes de los nueve días, empieza el ritual nuevamente. Eso significa que el coco recogió algo negativo.

Y te preguntarás: ¿cómo influyen la envidia, el rencor y las malas vibraciones en nuestra bella magia del LEREGO? Muy sencillo. Si esas energías negativas te tienen atrapado, difícilmente puedas **LE**vantarte si te has caído, difícilmente podrás buscar nuevos aires y **RE**novarte y mucho menos **GO**zar de nada de lo que la vida te regale o te sepas ganar.

- Para poder **LE**vantarte, necesitarás vibrar en alto, con toda tu energía y luz. Aléjate de los envidiosos y rencorosos y de la gente negativa cuando lo estés pasando mal y vivas momentos de debilidad. Busca la compañía de los fuertes de espíritu y de las almas protectoras para poder **LE**vantarte.
- Para poder **RE**novarte, vas a necesitar estar limpio de todo mal de ojo o energía negativa. Limpia tu vibración, deshazte de cualquier influencia oscura que te rodee. Para **RE**novarte tienes que sacar lo malo y crear espacio para lo bueno que está por llegar.
- Para **GO**zar, mantente alejado de las envidias, los celos y las malas intenciones. Nadie puede **GO**zar de lo bueno si está sumergido en lo malo. El **GO**ce está en la luz, no en la oscuridad.

En resumidas cuentas, si no te proteges y dejas que las vibraciones bajas se apoderen de ti, no podrás poner en práctica la magia del LEREGO. Un alma limpia, libre de hechizos e influencias, es clave para **LE**vantarse, **RE**novarse y, cómo no, **GO**zar.

Ahora, ya sabes qué hacer. Al final de cada capítulo te llega tu turno. Es hora de que te pongas a escribir en esta página. Busca el hilito rojo del que te hablé. Busca a tu gran amigo o amiga que quieras mucho y pídele que te lo ate con los siete nudos. Al terminar, anota las cosas que quieres estar a salvo y escribe esa promesa que te haces a ti y a Dios. Escribe: "Oh, Dios, si me proteges de _____ y de _____, te prometo que _____". Luego, repite: "Con Dios todo, sin Él nada. Amén. LEREGO, LEREGO, LEREGO", y pon tu firma debajo para sellar todo como si fuera un contrato.

Cada vez que sientas temor, o sientas que haya energías negativas a tu alrededor, regresa a esta página y lee lo que escribiste, para que no se te olvide que ya pusiste tu bienestar en manos de Dios. ¡Y para que no se te olvide tu promesa!

_____

_____

_____

_____

_____

_____

_____

_____

_____

_____

_____

_____

_____

_____

_____

_____

_____

_____

_____

_____

18

OBSESIÓN

La pasión se confunde con amor
cuando el amor se confunde con pertenencia.
—PENSAMIENTO POPULAR

En este, nuestro libro, ya hemos hablado de amor, perdon y gratitud, que son las energías más bellas del mundo. También hemos hablado de las energías más peligrosas: la envidia y el rencor. Pero hay otra energía de la que no te he dicho nada todavía que es mala y parece buena. Es traicionera, porque te confunde y te pierde. Te estoy hablando de la obsesión.

Si dicen que del amor al odio solo hay un paso, ¡del amor a la obsesión no hay ni medio! Van tan juntitos que los mezclas peligrosamente. Y aquí te los voy a separar bien separados con una historia real. Luego te daré un poco de magia para saber cuál es cuál y liberarte. Porque no puedes practicar nuestro LEREGO si no amas limpiamente.

Adela, una mujer de cuarenta años, bonita y trabajadora, llegó una tarde a mi botánica. Sus ojeras y el cabello todo despeinado la delataban. Desde que la vi en la sala de espera supe que padecía de mal de amores. Será por los ojitos llorosos o por la manera en que se visten para disimular su pena, pero a una mujer, el mal de amor se le nota a la legua.

Cuando le tocó su turno, Adela entró a la consulta y se sentó sin decir palabra. Mis canales estaban muy abiertos ese día, después de horas de trabajo, y me sentía especialmente receptivo a los mensajes de los espíritus, así que la respuesta llegó antes que la pregunta:

—Adela, ese hombre no es para ti.

No pude ser más directo.

—Niño, no, no puede ser, mira… —Adela no estaba preparada para escuchar la verdad—.

—Me lo dicen los espíritus desde que te vi allá afuera sentadita —le insistí firmemente—. Que te olvides.

—Pero deja que te explique. Él me dijo que… —Sus ojitos imploraban una solución—.

—No, no, no. Te está utilizando y tú lo sabes. Esas cosas se saben. —La intenté disuadir una vez más—.

—Pero si ella no se hubiera metido en su vida, todo estaría bien. —Adela rompió a llorar—. Sé que queda amor. Él mismo me busca, me llama…

—Los espíritus, el Universo y todo lo que me rodea grita que no, Adela. Lo siento. No te voy a recomendar ningún amarre, ni oración, ni ritual. Dios dispone y nosotros somos solo sus humildes mensajeros. —Le di un abrazo y la acompañé hasta la escalera—.

Pero como toda alma en negación, Adela regresó a los quince días. Ahora las ojeras ya eran de color morado y el cabello encrespado merecía una visita urgente al estilista.

—Por favor, mi Niño, si no hago algo me voy a morir de dolor. Lo amo y lo estoy perdiendo —me rogó sin derramar ni una lágrima. Ya se le habían secado de tanto llorar.

Como ante una mujer empecinada no hay palabras que la hagan desistir, le preparé un amarre. El precio de las velas, hierbas e ingredientes sumó $101,21.

Dos semanas más y me llegaron las quejas: que no había notado ningún cambio, que el hombre seguía distante, la evitaba y no se quería mudar de regreso a la casa.

—Toma, aquí tienes tus $101,21. Los guardé en este sobre porque sabía que regresarías sin resultados.

Adela agarró su dinero, el bolso y se fue. No habían pasado ni diez minutos cuando asomó su cabeza por la puerta de la consulta de nuevo.

—Las llaves. ¿No dejé las llaves de casa acá? —me preguntó preocupada.

Las buscamos por la mesa, por debajo de la silla y detrás de la cortina, pero las llaves no aparecían. Adela terminó llamando al cerrajero para poder entrar en su casa. Después de instalar la nueva cerradura, el hombre le pasó la factura: $101.21.

Pero la obsesión es más ciega que el amor y no hay peor ciego que el que no quiere ver. Ni esos números que le gritaban a Adela que desistiera, que no eran simple casualidad, la detuvieron. A los seis meses volvió a visitarme y me confesó que hizo de todo para retener a ese hombre: desde amarres con otros psíquicos hasta comprarle un auto nuevo. Con mucha pena me confesó que el mismito día que firmó para que le entregaran el auto, el hombre metió sus cosas en el baúl del vehículo y se fue con una nueva mujer. Adiós auto, adiós hombre, adiós amarre.

—No estabas enamorada, estabas obsesionada con ese muchacho —le dije con sinceridad—. El amor no cuesta dinero, la obsesión sí.

EL COLOR DEL AMOR, EL COLOR DE LA OBSESIÓN

Amor y obsesión. Cuando estás enamorado te sientes parte de algo bonito, algo limpio y sin egoísmo. El verdadero enamorado es el que sabe dejar a un amor partir si no es correspondido. Si amas, deseas que la otra persona encuentre su felicidad, aunque sea lejos de ti. El amor es generoso, comprensivo. Claro que igual sufres, igual duele, igual sientes celos si tu ser amado te abandona, pero es un sufrimiento sin maldad, sin rabia.

Cuando se trata de obsesión, el primer sentimiento que llega a tu corazón es la rabia, seguido del odio, de los celos descontrolados y enfermizos.

El amor, en cambio, es tan bondadoso que se resigna ante toda situación. Y lo más importante para diferenciar amor de obsesión es que cuando tú amas de verdad, es porque te amas a ti mismo primero. La obsesión ni te deja amar al otro ni mucho menos te permite tener autoestima.

El sexo también es un factor que diferencia amor de obsesión. El sexo es un gran ingrediente del amor, pero el amor va más allá del sexo. En cambio, la obsesión comienza y termina en el sexo. Es su único motor, la máxima expresión de posesión sobre el otro ser: el sexo desenfrenado y aparentemente mágico y placentero. Digo "aparentemente" porque, a la larga, ese placer se convierte más en pesadas cadenas que en alas blancas.

Cadenas o alas, separadas por un hilo muy frágil. Igual que dicen que del amor al odio hay un paso, del amor a la obsesión también. Un paso en falso, y ese hilito se rompe y caes del yin al yang, porque lo opuesto al amor no es el odio, sino la mismísima obsesión. Ese es el concepto contrario al amor.

En el amor, el corazón palpita suave, precioso, luego se acelera, se aloca, como cuando te dan un susto. En la obsesión, el corazón simplemente no palpita. Se detiene y te sientes morir. Agonizas.

Rojo Obsesión es Rojo Sangre
Rojo Amor es Sonrosado

Amor es Pasión, Romance
Obsesión es Desconfianza, Inseguridad

La obsesión es altamente destructiva, pues termina haciendo daño tanto a quien la padece como a la otra persona. De hecho, la obsesión es la principal causa de todo caso de violencia doméstica y en tus manos está detenerla antes de que sea demasiado tarde. Tal vez los amarres y la magia no funcionen para retener a esa pareja que no es para ti, pero sí funcionan para liberarte, darle un giro a tus energías y curarte de esa obsesión. La obsesión tiene remedio y su principal medicina es el tiempo. El tiempo que todo lo cura y la fe. La fe es el primer pasito. Tienes que creer y encomendarte a Dios. Con Dios todo, sin Él nada.

Si tu fe se tambalea y te fallan las fuerzas, aquí comparto contigo una ayudita, una pequeña oración y un simple ritual que heredé de mi abuela. Pero recuerda que sin amor propio, si no te quieres, no funcionará. Ámate para poder amar de verdad.

RECETA PARA LA OBSESIÓN AMOROSA

Esta receta la usaba mi abuela y decía que servía para curar el mal de amor. Compra un poco de hierba de epazote, otro poquito de orégano brujo o tomillo (de hojitas anchas) y un poco de sen (casia). Hiérvelo todo largo rato la noche de jueves y después déjalo enfriar bajo la luz de la luna, en el balcón o en la ventana de la cocina. Vete a la cama sin hablar con nadie. Recita siete veces el nombre de la persona que deseas olvidar. Antes de acostarte y sin hablar con nadie, tomate una buena taza. Bébela en silencio, sin prisa y meditando, mientras te encomiendas a la Virgen del Olvido.

OTRAS AYUDAS MÁS TERRENALES
PARA CURAR LA OBSESIÓN:

- Tira todos los recuerdos a la basura.
- Busca un nuevo hobby.
- Llama a tu antiguo círculo de amigos y tráelos de regreso a tu vida.
- Evita la soledad.
- Mantente muy ocupado.
- Aunque no estés preparada para una nueva relación, ve a bailar, ve a una fiesta y coquetea. El coqueteo es buen aliado para subirte la moral y olvidar.

EXAMEN: ¿ESTÁS ENAMORADO U OBSESIONADO?

Responde sí o no a las siguientes preguntas con total honestidad:

1. ¿Revisas diariamente su teléfono o correos electrónicos?
2. ¿Discuten con frecuencia, cuando van a fiestas, cenas o eventos sociales?
3. ¿Intentas cambiarle su manera de vestir, de hablar o de actuar?
4. ¿Te han dicho alguna vez tus amistades que esa pareja no te hace feliz?
5. ¿Solo eres feliz cuando está a tu lado?
6. ¿Has dejado de ver a los amigos y familiares por completo para estar con tu pareja?
7. ¿Esta relación te ha convertido en una persona más desordenada, nerviosa y caótica?
8. ¿Le exiges a tu pareja con frecuencia que te diga cuánto te ama?
9. ¿Amenazas a tu pareja con abandonarla, aunque sabes que jamás tendrías el valor de hacerlo?

Total de respuestas afirmativas =

Si respondes afirmativamente a tres o más de estas nueve preguntas, es casi seguro que estás obsesionado y es el momento de ponerte a trabajar y liberarte de tus cadenas.

La mejor medicina para salir de una obsesión amorosa es, y será siempre, el uno-dos-tres del LEREGO:

- *Uno:* **LE**vántate, aunque te duela, y enfrenta la verdad: no lo amas, estás empecinada con esa relación quién sabe por qué, pero no lo amas. Si no lo amas, significa que puedes vivir y respirar sin esa persona a tu lado. ¡**LE**vántate como se **LE**vantó Lázaro de su tumba, que no estás muerta! Nadie muere de amor y mucho menos de obsesión.
- *Dos:* **RE**nuévate. Un nuevo amor que te haga olvidar el trago amargo es muy efectivo. Recuerda que el amor es pura energía que va y viene en el Universo. Encuentra otra corriente de amor a la que unirte y sigue amando. Pero esta vez sin obsesionarte.
- *Tres:* primero **GO**za. **GO**za de tu desamor, de tus propias lágrimas y hasta de tu obsesión. Porque eso significa que estás vivo, que sientes y que tienes la capacidad de amar. Segundo, busca ese nuevo tren de amor al que subirte y simplemente déjate **GO**zar de una nueva oportunidad. Para todo mal de amor llega su enfermero o enfermera. Déjate querer y permítete **GO**zar.

Ya llegamos a tu página en blanco. Esta vez te pido que me cuentes cuál fue tu peor obsesión en el amor, cuánto daño te causaste tú mismo con esa obsesión. Si todavía estás enganchado, escribe su nombre sietes veces y táchalo las siete veces, mientras dices: ¡LEREGO, LEREGO, LEREGO!

_____

_____

_____

_____

_____

_____

_____

_____

_____

_____

_____

_____

_____

_____

_____

_____

_____

_____

_____

_____

_____

_____

_____

_____

_____

19

COCINA SAGRADA

Si tu cuerpo es tu templo, tu cocina es tu altar mayor.
—EL NIÑO PRODIGIO

Lo que comes es lo que sientes, lo que vives y cómo lo vives. Y tú lo sabes. Sabes que tus alimentos y la manera en la que los preparas te hacen ser quien eres: más gordo, más flaco, más sano, más enfermizo; pero también te pueden hacer más optimista, más pesimista y más o menos espiritual. Desde el cansancio a la artritis o el colesterol, pasando por la depresión o la neurosis. Todo nos afecta emocional y me atrevería a decir que hasta espiritualmente. Mira esos yoguis que son vegetarianos extremos para no hacer daño a ningún animal. Su karma y su espíritu están intactos y su pureza interior los acerca a Dios.

Somos lo que comemos, reflejamos lo que comemos y proyectamos lo que comemos. Si comes mal, te sientes mal y te perciben mal. Si comes bien, te sientes bien y te ven súper bien. Esto es matemático. Dicen que hasta tu aura cambia dependiendo de lo que consumes. Y, lógicamente, tu alimentación te va a afectar a la hora de LEvantarte, REnovarte y Gozar. El LEREGO y cualquier otra práctica espiritual está atada a lo que pones dentro de tu organismo.

¿Te has fijado que cuando las cosas te van mal es cuando más se te antoja una pasta con dos kilos de queso por encima, o un sándwich lleno de mayonesa, o comerte toda la caja de bombones de chocolate? Es porque comemos con nuestras emociones, no con nuestra salud. Si te deja el novio, ¿llegas a casa y se te antoja una toronja con granola y yogurt? ¡Pues claro que no! El problema es que todo lo que se nos antoja emocionalmente nos pone en peor estado de ánimo del que ya padecemos. La pasta y los dulces te dan la sensación de estar cansado, con sueño y más negativo. La carne roja también es muy pesada y te eleva el colesterol. Mientras que la espinaca, los cereales no procesados, las algas o una pechuga de pollo con verduras te pueden dar toda la energía que necesitas para afrontar esos problemas que te ponen triste.

Yo dejé de comer carne roja hace dos años. El 31 de diciembre de 2015 estaba con unos amigos en Times Square, en Nueva York, esperando la llegada del Año Nuevo. Esos amigos compraron *prosciutto*, jamones y salami. Los miré y les dije: "Denme de todo ahora porque a partir de las doce de la noche no voy a probar carne roja". Y hasta el sol de hoy no la he vuelto a comer. Lo hice porque sentí que uno tiene que tomar decisiones en esta vida para demostrar disciplina y control. Esta promesa fue para probarme a mí mismo mi fuerza de voluntad. Era súper carnívoro, mi abuela siempre me cocinaba carne, pero mi cuerpo ya no se sentía bien. Cada vez que me comía un filete, mi estómago me dolía, me sentía cansado y mi actitud cambiaba. Me volvía más lento y un poquito más negativo en todo. Pronto me di cuenta de que si dejaba la carne mi vida cambiaría para mejor. Y así lo hice.

Los primeros días, nadie me creía, tal era la fama que yo tenía de disfrutar un buen corte. Pero pasaron los meses y todos me vieron pedir pescadito, pollo o verduras. Hace poco, vi un filete cocinado, intenté llevarme a la boca un pedacito de esa carne tan jugosa y me puse fatal. Al principio es difícil cambiar lo que pones en el plato. Una vez que lo logras, ya no es trabajo, es placer.

¿Por qué gastáis dinero en lo que no es pan,
y vuestro salario en lo que no sacia?
Escuchadme atentamente,
y comed lo que es bueno,
y se deleitará vuestra alma en la abundancia.
—ISAÍAS 55:2

COLORES Y SABORES

El arco iris es símbolo de felicidad y, si lo llevas a tu plato, ni te cuento los milagros que puede obrar. Por eso mi plato ahora tiene color. Antes era siempre lo mismo. Ahora me sorprendo mezclando colores exóticos. Pimiento rojo con el verde y con pedacitos del pimiento naranja. Zanahoria con apio y trocitos de ciruela morada bien madura y dulce. Mango con jugosa sandía y banana. ¿Y qué me dices del repollo? Además, soy fanático del aguacate. Me como uno todos los días. Lo pongo en ensaladas, en la sopa, ¡donde sea! Verde es vida, rojo es energía, amarillo es salud, morado es paz y naranja es prosperidad.

Dime lo que comes y te diré quién eres. Este es mi nuevo refrán. Como en la película *Como agua para chocolate*, quiero compartir contigo la magia de mi cocina, mi otro altar en la vida, para cuidar y celebrar el templo que es tu cuerpo. Un templo que Dios te regaló y no puedes descuidar. Algunas recetas son mías, otras se las pedí a unos buenos amigos que también creen ciegamente que la cocina debería ser lugar sagrado para cuidarnos y mimarnos. Como decían los romanos: cuerpo sano, mente sana. Debemos orar por una mente sana en un cuerpo sano. Pídeselo a Dios en el altar de tu cocina.

RECETAS DE COCINA PARA EL ALMA Y EL ESPÍRITU

ENSALADA PARA ELIMINAR PENSAMIENTOS NEGATIVOS

Esto es una ensalada de quinua que preparo cuando llega un amigo o amiga a casa y lo siento pesado, deprimido, con energías muy bajas y pensamientos muy oscuros. Le pongo color a esa oscuridad echándole color al plato.

Ingredientes
  1 cucharada de aceite de oliva extra virgen, y más para el aderezo
  1 diente de ajo, troceado
  1 cebolla
  un poquito de cilantro
  unas hojitas de orégano fresco
  una taza de quinua
  sal al gusto
  unas hojas de *kale*
  4 tomates de cuatro colores (1 verde, 1 rojo, 1 naranja y 1 amarillo), picados
  ½ remolacha, troceada en cubitos
  1 zanahoria, rallada
  1 puñado de pistachos
  pimienta al gusto
  1 puñado de almendras tostadas, para decorar
  1 limón amarillo

En un sartén agrega el aceite de oliva y, sobre fuego medio, sofríe el ajo, la cebolla, el cilantro y el orégano.

Sobre el sofrito echa la quinua, y una pizquita de sal y deja que se dore un poquito, revolviendo suavemente. Luego, échale agua hasta que quede la quinua cubierta y esperas a que hierva.

Después, deja enfriar la quinua y añade el *kale* y los tomates. Agrega la remolacha y la zanahoria. ¡Esos colores naranjas, verdes, morados y rojos son capaces de levantar a un muerto! Échale los pistachos, un chorro de aceite de oliva, sal y pimienta al gusto, y no te olvides de decorar con las almendras tostadas. Para darle todavía más energía, exprímele el limón amarillo antes de servir. El limón, como todos los cítricos, es perfecto para subir energías.

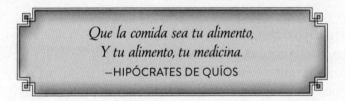

Que la comida sea tu alimento,
Y tu alimento, tu medicina.
—HIPÓCRATES DE QUÍOS

JUGO VERDE DESINTOXICANTE
PARA LIMPIAR TU SUERTE

Esta receta nos la regala mi querida Chiquis Rivera. Chiquis ya lleva varios años de exitosa carrera de cantante y, como a todos los artistas, antes de subir a un escenario, le gusta prepararse y estar al ciento por ciento. Chiquis, para asegurarse de que ese día va a ser un éxito, se toma un jugo verde desintoxicante en la mañana. Porque si empiezas bien el día, lo más seguro es que lo termines bien también.

Es un jugo con mucha cúrcuma (*turmeric* en inglés), la raíz que, junto con el jengibre, posee cualidades casi mágicas para nuestro organismo. Dicen que la cúrcuma es buena para bajar el colesterol, actúa como anticoagulante como la aspirina, es el perfecto antiinflamatorio, va de maravilla para aliviar la artritis y, para colmo, es un antioxidante natural que retrasa el envejecimiento. Por si fuera poco, la picosa y sabrosa cúrcuma reactiva tu sistema inmunológico para evitar resfriados tontos. Esta especia, unida a las cualidades de un jugo verde, más que suerte, es una bendición.

Ingredientes

    2 tazas de espinacas troceadas

    1 taza de lechuga troceada

    ½ taza de apio troceado

    1 pera pequeña o mediana

    ½ banana

    1 cucharadita de jugo de limón

    1 cucharadita de cúrcuma

Agrega una taza de agua y todos los ingredientes en una licuadora y licúa durante unos segundos, y listo. Tan sencillo como un, dos, tres. Deja que el verde sea tu color de la buena suerte, y que la exótica y misteriosa cúrcuma te acompañe en tu organismo.

LAS LENTEJAS QUE DAN VALOR

Hace años, en una entrevista, le preguntaron a la guapísima Penélope Cruz qué comía antes de asistir a la ceremonia de los Premios Oscar. La talentosa española confesó que se devoraba un plato de lentejas una hora antes de pisar la alfombra roja porque eso le daba seguridad, calmaba sus ansias, la llenaba con el valor para subir a presentar a ese escenario legendario y le daba la sensación de que todo le iba a salir bien. ¡Estoy totalmente de acuerdo con "Pe"! Con un estómago lleno, todos somos más valientes para enfrentar al mundo. Y, sobre todo, lleno de una legumbre que es pura proteína de origen vegetal, tiene cero grasas y te brinda un gran aporte de hierro, como es el caso de la lenteja y todas sus propiedades mágicas.

Para lentejas que te den el valor de LEvantarte, REnovarte y GOzar (porque son deliciosas), te recomiendo cualquier receta de tu madre o de tu abuelita. Con las lentejas no existen malas recetas. ¡Todas son riquísimas!

Si hay un lugar en el mundo donde puedes empezar a trabajar el LEREGO es en tu cocina.

- Para LEvantar ese ánimo, nada como un cocido, guiso o sopa. Cualquier comidita de olla que a ti te recuerde a tu madre, a tu abuela o a la casa donde te criaste. Algún cocido que te traiga ese recuerdo de tu infancia, cuando te sentías enfermito y tu abuela te hacía esa sopita mágica. ¡Esa magia todavía funciona! Mi abuela me preparaba una sopa de verduras y la batía, la pasaba por el colador como si fuera una crema ligerita de verduras muy calentita. Hasta el día de hoy una crema de verduras casera me saca de mis peores momentos. En Perú se usa la parihuela para subir niveles de energía cuando estás decaído. Es un caldo de mariscos delicioso. O la leche del tigre, el jugo delicioso y concentrado del ceviche de pescado, otra receta peruana que levanta el ánimo (y la libido) a cualquiera.
- Para REnovarte, los jugos desintoxicantes y todos los jugos verdes tan populares hoy en día son los reyes indiscutibles. Para renovar tu vida tienes que renovar cada célula de tu cuerpo y eliminar toxinas. ¡Pa'fuera con lo viejo y pa'dentro con lo nuevo! Todos los frutos rojos tienen también muchos antioxidantes y son ideales para la REnovación: fresas, frambuesas, arándanos.
- Para GOzar, ya sabes que te voy a dar la palabra mágica: chocolate. Y si no eres muy amante del chocolate, prueba cualquier otro sabor de tu postre favorito: vainilla, maracuyá, merengue de limón o dulce de leche… ¡y a GOzar, que la vida son dos días! Disfruta de un postre, aunque estés a dieta. Tienes que disfrutar. No te puedes reprimir siempre porque llegará el día donde ya no puedas comértelo.

Pero cuidado: digo que disfrutes. Muchas personas no disfrutan, se comen las cosas rápidamente, a grandes bocados y no las saborean. Hay que deleitarse, comer ese manjar poco a poco. La bebida también; disfruta de los aromas de una buena copa de vino tinto como si fuera la última que te vas a tomar. Recuerda que **GO**zar de los alimentos es un arte y una terapia curativa. ¡Un buen vinito cura muchos disgustos!

Ahora quiero que en esta página, tu espacio, escribas a la izquierda una lista de alimentos que quieres quitar de tu dieta, y a la derecha otra lista de las cosas que quieres añadir.

¿Con qué crees que necesitas alimentar tu cuerpo para que tu alma esté contenta? ¿Qué estarías dispuesto a cambiar en tu alimentación para alcanzar una mejor salud física y emocional? ¡Cuéntamelo todo! Y hazte alguna promesa, una manda o sacrificio, por escrito. ¡Prométemelo aquí mismo!

_____

_____

_____

_____

_____

_____

_____

_____

_____

_____

_____

_____

_____

_____

_____

_____

_____

_____

_____

_____

_____

_____

_____

20

EL PERFUME DEL ALMA

De los cinco sentidos,
el olfato es incuestionablemente
el que mejor da la idea de inmortalidad.
—SALVADOR DALÍ

Ya estamos en la recta final de nuestro libro y no me quiero despedir sin regalarte otro de mis secretos: mi pasión por los perfumes.

Te he contado en estas páginas cómo hablar con los seres de luz, cómo limpiar tus energías, como trabajar la gratitud, el perdón y cómo cuidar tu templo y tu cuerpo. Creo que me falta contarte esta otra magia silenciosa pero maravillosa: la magia de los aromas.

Si cierro los ojos y pienso en un aroma, el recuerdo me transporta hasta mis primeros años de vida y hasta los brazos de mis dos abuelas: Nena e Isabel.

Isabel se untaba polvos de talco después de bañarse y ese olor dulce y sencillo no lo puedo olvidar. Al talco se le unía el aroma a madera de cedro del armario en su habitación y ese perfume francés que se ponía antes de salir a la calle. Creo que se llamaba Bien-être, que significa bienestar y a mí me producía precisamente ese efecto: me hacía sentir bien, protegido y feliz. Al perfume, el talco y la madera se le mezclaba la esencia de pachulí que mi abuela Isabel ponía dentro de las gavetas. Siempre escondía esas raíces de pachulí entre la ropa para que no oliera a humedad. Al abrir los cajones, una explosión de sensaciones me sacudía el pecho y me despertaba el alma.

Abuela Nena, a quien Diosito todavía me conserva con vida a sus noventa y siete años, sembraba café y cacao con mi abuelo en aquel pueblito donde nací. Cuando la visitaba en vacaciones, Nena, la dedicada y decidida doña María Rubio, me preparaba chocolate con sus propias manos, moliendo el cacao de manera artesanal. Con esas mismas manos que criaron a trece hijos y los llenó de amor y bellos aromas. Puedo sentir el olor de los granos de café y del cacao inundando mi alma con tan solo cerrar mis ojos.

Así de intenso puede ser un simple olor: más poderoso y milagroso que las mismas palabras.

Un aroma te puede elevar al cielo, o te puede hundir en lo más profundo de los infiernos. Aunque la aromaterapia ya está muy extendida y reconocida, creo que todavía nos queda mucho por estudiar y aprender de esta ciencia que va unida al espíritu mucho más de lo que creemos. ¿Sabías que dicen que nuestra aura desprende aroma? Si es así, a veces me pregunto, ¿y nuestra alma también tiene esencia? Y si lo invisible está impregnado en fragancias, ¿a qué huelen Dios, el amor, la luz, los ángeles y lo divino? Los aromas son mágicos, y marcan nuestras vidas físicas y espirituales. Los olores son vibraciones, son también energías, como el amor y el odio, el espíritu y la vida.

El mismo pachulí tiene una fragancia que te enreda, como las mismas raíces de esa planta. Por eso yo la uso para el amor. El incienso es sin duda el olor más místico. Me acuerdo de la Parroquia del Carmen, que quedaba cerca de mi casa en Santo Domingo y, cada vez que entraba allí de chiquito, ese aroma a incienso me hipnotizaba tanto que me quedaba embobado mirando todos esos santos. ¡Hasta llegué a ser monaguillo en ese altar! Creo que nunca me he sentido tan cerca de Dios como en aquellas capillas con ese olor tan especial.

En la cocina de mi abuela aprendí más sobre aromas terrenales. La canela y el azúcar quemada de los dulces que preparaba, meneando la paila, para vender todos los días, siguen vivos en mi memoria. Hasta el sol de hoy, si quiero sentirme querido y protegido, solo tengo que destapar un botecito de canela y todos mis miedos se esfuman.

Es innegable que los aromas obran milagros y me di cuenta de esta ciencia milenaria en cuanto comencé a trabajar las hierbas. La albahaca, que atrae el dinero, la leche de coco, que da claridad espiritual. Poco a poco, empecé a crear mis propias recetas para baños mágicos, que ahora quiero compartir contigo.

BAÑO PARA SACAR INFLUENCIAS NEGATIVAS Y DESTRUCTORAS

No todo en la aromaterapia tiene que oler rico. Lo malo con malo sale, y lo bueno con bueno llega. Esta receta hecha a base de plantas de olores fuertes y desagradables es para eliminar de tu vida cualquier influencia negativa que alguien te haya dejado en tu ser, bien sea intencionalmente o a veces sin querer.

Ingredientes
  rompe saragüey
  rompe muralla
  quita maldición
  espanta muerto
  epazote
  ruda
  anamú (también conocida como hierba de ajo o hierba de
    zorrillo)

Si las hierbas son frescas, me gusta más licuarlas y sacarles el zumo verde. Si son secas, mejor las pones a hervir y luego las cuelas. Báñate como siempre y cuando te estés enjuagando, échate esta infusión por encima de tu cabeza y cuerpo.

Con esta misma mezcla puedes limpiar el piso de tu casa de dentro hacia fuera, para ir sacando a la calle cualquier negatividad que se pueda quedar por los rincones.

BAÑO PARA INVOCAR EL AMOR

Si llevas tiempo sin pareja y quieres atraer el amor a tu vida y abrir tu corazón al romance en general, esta receta es infalible.

Ingredientes
  pétalos de rosas
  un chorrito de agua de rosas
  una cerveza
  una ramita de canela
  unas gotas de pachulí
  un poquito de sándalo
  unas gotitas de vetiver
  una flor de ylang-ylang

En una olla mediana, agrega todos los ingredientes y ponlos a hervir sobre fuego medio. Cuélalo y añade un poco de tu perfume favorito. Date un buen baño con esta infusión tan aromática y al salir no te seques con ninguna toalla. Prende una vela amarilla o rosada en el baño y espera a que las gotas se evaporen solitas de tu piel. Eso te abrirá los chakras y despertará tu espíritu a la pasión y a la aventura.

BAÑO PARA LA CLARIDAD Y LA SALUD

Si te sientes decaído, deprimido, sin energías o mal de salud, este baño levanta tu espíritu, mejora tu sistema inmunológico y te quita pensamientos negativos, por muy persistentes que estos sean. Es una receta tan sencilla como eficaz.

Ingredientes
    un ramillete de menta fresca
    un ramillete de lavanda (o alhucema) fresca
    unas ramitas de romero fresco

Agrega las tres hierbas a una licuadora y licúalas. Cuela el zumo
y échatelo por encima de la cabeza y el cuerpo después de tu
baño regular, antes de acostarte. Luego vístete de blanco y duér-
mete en paz y con Dios. Que estos tres aromas combinados sean
un recordatorio, mientras descansas, de que Dios está en control.

BAÑO DEL ÉXITO Y DEL DINERO

Si tienes una entrevista de trabajo y andas nervioso e inseguro,
es el momento para poner en práctica un poco de la magia de
la aromaterapia. Este sencillo ritual también sirve para citas de
negocio importantes o momentos donde vas a hablar de dinero.

Ingredientes
    7 ramitas de ruda con flores amarillas
    1 hojita de hierba buena

Agrega las ramitas de ruda en una licuadora con un litro de agua,
licúalas y cuélalas, para dejar solo el líquido verde y amargo.

Después de bañarte y arreglarte para tu gran entrevista o cita
de negocios, échate el zumo de la ruda sobre los pies descalzos
justo en la puerta de tu casa antes de salir y luego ponte los
zapatos.

Coloca debajo de tu lengua una hojita de hierbabuena y
mantenla en tu boca durante la entrevista o la reunión, si puedes. Que sea un pedacito bien chiquito para que nadie la vea. Y
no te olvides de la fe y el optimismo en casa. Llévatelos siempre
contigo. Deja que la ruda milagrosa haga el resto. Esta planta es
muy amarga, pero de aroma suave y grandes poderes místicos.
En la antigüedad la asociaban con la virginidad y la fertilidad.

De ahí que se use para asuntos de trabajos y negocios para que sean fértiles y produzcan buenos resultados.

PERFUME PARA LA PRIMERA CITA

Para tu primera cita con alguien a quien quieres enamorar, o que te gusta mucho, vas a fabricar tu propio perfume.

Ingredientes
  2 onzas de tu perfume favorito
  1 ramita de canela, cortada en pequeños trocitos
  1 raíz de pachulí, cortada en pequeños trocitos
  1 gotita de miel
  3 gotitas de aceite puro de rosas
  1 gotita de aceite de bergamota

El día anterior vierte en un botecito tu perfume favorito, el que siempre te pones. Luego añade la canela y el pachulí. Recuerda usar trocitos muy pequeños para obtener aromas muy sutiles. Después, échale la miel, el aceite puro de rosas y el aceite de bergamota. Tapa el botecito, agítalo suavemente y déjalo reposar.

Al día siguiente, antes de salir para tu cita, colócate frente al espejo y ponte un poquito de tu nueva pócima en el cuello y las muñecas, mientras repites estas palabras: "Dios y mis seres de luz vayan adelante, aclárenme el camino para que pueda llegar al corazón de esta persona. Y denme una señal si este será el amor de mi vida".

Durante tu cita, cuando la otra persona perciba tu esencia, comprenderá que estás receptivo o receptiva a sus sentimientos, que le importas y le gustas de verdad. Verás cómo la rosa, el pachulí, la bergamota y la canela le dirán sin palabras todo aquello que tú no te atreves a decir. Y cuando huelas tu propio perfume mágico, te recordará que eres capaz de atraer a ese hombre o a esa mujer. Que puedes y mereces amar y ser amado. Solo ten presente que los aromas ayudan, pero Dios es quien tiene la última palabra en asuntos del corazón. Y si en esa cita no salta la chispa mágica, tal vez es porque Dios te tiene guardado a alguien mejor en tu camino. Respira profundamente tu nuevo aroma del amor y sonríele a la vida mientras sigues tu caminar.

TU PERFUME, TU IDENTIDAD

Mi magia y mi profesión han girado siempre en torno a los aromas y sus efectos, así que, en esta última etapa de mi vida, decidí ir en busca de mis propias fragancias e intentar crearlas desde cero. Es un gran reto en el que llevo dos años trabajando.

Tu perfume eres tú, te identifica y te da propiedades, y a nadie le huele igual una vez aplicado en la piel. Los aromas de cada ser humano son divinos e irrepetibles. Por eso es bueno que te identifiques con un perfume en especial, para que siempre te recuerden. Ese perfume hazlo tuyo. Que la gente diga: Ah, fulano o fulana siempre huele así de rico. Un aroma marca a una persona. Tienes que tener un aroma que te represente, elígelo con cuidado y no lo cambies. Durante años verás la magia trabajar desde esa esencia en tu vida. Hazla tuya a través del tiempo.

Desde que empecé con mi botánica, soñaba con brindarles a mis amigos una colección de perfumes donde podamos identificar en ellos a cada personalidad, cada sentimiento y cada espíritu.

Una de mis creaciones que he hecho recientemente es unisex, sólo apta para mujeres fuertes y hombres muy seguros de sí mismos. Es pura esencia de madera, con notas dulces, mezclado con *oud* (la preciada resina del árbol de agar) y sándalo. Esta fragancia la usaría para la atracción, para marcar territorio, como los animales y para decirle al mundo: aquí estoy. Es una esencia pasional y visceral, pero sofisticada a la vez.

Otra fórmula que ya he elaborado es más sutil, más suave. Un perfume que lo pueden usar hasta los niños, con cierto toque de *bubble gum*. Es inocente y suavecito como el aroma del talco. Es un perfume limpio, espiritual y angelical. Este se lo dediqué a los Marasás, los seres de luz que representan a los niños en Las

21 Divisiones. Lo puedes usar cuando buscas la paz o si deseas reconectar con tu niñez, con ese niño que tenemos dentro que jamás nos abandona. Es una fragancia que te pone *happy* como un niño jugando feliz.

Tengo otro perfume altamente femenino, dedicado a las metresas del amor, muy sofisticadas, pícaras y coquetas, con notas de champán, miel, anís y gardenias. Es una fragancia muy *sexy*, pero suave y brillante. Tus amigas te mirarán con admiración y los hombres te desearán. Es un verdadero hechizo de pasión. Es un perfume que no recomiendo para las tímidas.

Tú, como yo, puedes desarrollar tus propios perfumes de acuerdo con tu personalidad y tus sueños.

Y recuerda que el aroma en las personas es como una segunda piel, como una vibración que todos sienten y a todos impacta. Solo tú decides en qué te quieres envolver hoy. En nostalgia o pasión, en misterio, frescura, paz o amor. Viste tu alma de ti con dos gotitas de esencia que vas a elegir hoy para ser tú mismo y nadie más.

LISTA DE AROMAS Y SUS EFECTOS EN TU ESPÍRITU:

Para dar energía: clavo, eucalipto, menta, jengibre, romero, canela, cardamomo, palmarosa.

Para relajar: enebro, lavanda, ylang-ylang, clavel, jazmín.

Para despertar pasiones: madera de cedro, pachulí, rosa, sándalo, vetiver, clavel, coriandro.

Para atraer prosperidad y dinero: esencia de benjuí y esencia de ámbar, esencia de pino.

Para alejar negatividad: madera de cedro, esencia de avellana.

Para olvidar: esencia de melisa.

Para recordar: esencia de naranja.

La felicidad es un perfume que
no se puede verter en los demás
sin salpicar algunas gotas en ti mismo.
—FRASE POPULAR

Para mí, no hay magia en el mundo con más aroma que la del LEREGO.

- Para **LE**vantarte, no hay nada como los olores cítricos de la naranja, mandarina o toronja. O incluso la flor de azahar. Son aromas que te llenan el espíritu de energías positivas para que salgas de la oscuridad.

- Para **RE**novarte, y cambiar dinámicas: rosas, flor de azahar, jazmín o gardenias. Todas las flores dulces que se van abriendo y van mostrando sus nuevos pétalos te ayudarán a encontrar esa nueva fórmula en tu vida.

- Para **GO**zar: especias y aromas de madera, como la vainilla, el ámbar, el pachulí, el almizcle, el cedro, el sándalo o el abedul. Todos ellos son olores de la tierra, con una fuerza y un poderío capaces de despertar tus instintos más sexuales, sensuales o simplemente disponerte más a los placeres terrenales.

Ahora es tiempo de cerrar tus ojos y recordar cada aroma o esencia que ha marcado tu vida. Escribe aquí tres aromas que se hayan quedado pegados a tus recuerdos.

Luego ponle una gotita de tu perfume favorito a esta página y cuéntame, por escrito, quién eres. Deja vibrar esos aromas por tu alma y descríbeme cómo eres.

_____

_____

_____

_____

_____

_____

_____

_____

_____

_____

_____

_____

_____

_____

_____

_____

_____

_____

_____

_____

_____

_____

_____

21

FRASES INSPIRACIONALES
DEL LEREGO

En este último capítulo yo te invito a descubrir esa magia de los números de la que te he hablado combinada con la magia del LEREGO.

Aquí encontrarás las frases con más corazón de este libro, nuestro libro, y algunas otras que yo, con ayuda de mis seres de luz, elegí para ti. Estos mensajes estarán allí para ayudarte cuando lo necesites; te pido que recurras a ellos cuando realmente te sientas en conexión con lo divino y andes en busca de una respuesta a tus dudas, necesidades o problemas. No es un juego. Es una herramienta de ayuda que te dan mis misterios para que encuentres ese mensaje especial que te hablará directo al corazón.

Es muy fácil recibir ese mensaje que tanto necesitas. Primero cierra el libro, luego cierra tus ojos y, agarrando el libro entre las palmas de tus manos en posición de orar, concéntrate y repite: "Les pido a mis seres de luz que me iluminen con su mensaje en este momento. Con Dios todo, sin Él nada". Acto seguido, abre en cualquier página, al azar. Mira el número de la página y busca el correspondiente aquí abajo. Al lado del número encontrarás ese mensaje que deberás leer y meditar a fondo.

Si te sale el mismo mensaje muy seguido quiere decir que tus seres de luz están intentando decirte algo. ¡Escúchalos! Y escúchate a ti mismo. Léelo dos o tres veces y medita con más fuerza. Recuerda que el oído del alma es más fino que el de un cazador y que estas frases son para LEvantarte el ánimo, REnovar tus pensamientos y ponerte a GOzar del momento. No permitas que nada ni nadie te robe tu derecho al LEREGO.

A partir de hoy, quiero que guardes este libro como un tesoro íntimo. No lo regales ni lo prestes. Es y será nuestro diario, al que podrás volver siempre que quieras, y releer lo que tú me has escrito al final de cada capítulo y lo que yo te he escrito. También podrás volver cada día y buscar consejos en este capítulo de números y frases.

Ahora, con el permiso de tus seres de luz y los míos, y después de haber llegado al final de nuestro libro juntos y haber viajado por los caminos del alma, te doy mi bendición y te invito a que, en este mismo instante, cierres nuestro libro, cierres tus ojos y ¡que comience la magia del LEREGO!

MIS FRASES PARA LA MAGIA DEL LEREGO

Páginas 1-6
Cuando te toca, aunque te quites, y cuando no te toca,
aunque te pongas.
—Pensamiento popular
Tranquilo, es cuestión de tiempo. Acuérdate que todo sucede en su debido momento, solo tienes que esperar. Eso que deseas te va a llegar, porque te toca. Deja de preocuparte tanto. Hoy simplemente ¡LEREGO!

Páginas 7-12
No le pidas a Dios que te quite los obstáculos.
Pídele fortaleza para poder superarlos.
—Pensamiento popular
A veces te sientes solo, cansado de lo mismo, y lo ves todo difícil. Pide hoy a tus seres de luz que te devuelvan esa fortaleza interior.

Es todo lo que necesitas. Esa situación que enfrentas pronto desaparecerá de tu camino. Concéntrate en reconectar con tu fe en Dios y en ti mismo para poder LEvantarte, REnovarte y GOzar.

Páginas 13-18

"*No hay obstáculos imposibles,*
solo hay voluntades fuertes o débiles".
—Julio Verne

Si existen personas sin piernas y sin brazos y Dios les da grandes virtudes, ¿por qué tú no puedes? Deja de darte pena a ti mismo y LEvanta ese ánimo. Dale de frente a ese problema que te tiene paralizado porque lo vas a solucionar y al final te darás cuenta de que no era tan grande como creías. Lánzate y ¡REnuévate!

Páginas 19-24

"*Que la comida sea tu alimento,*
y tu alimento tu medicina".
—Hipócrates de Quíos

¿Cómo has estado comiendo últimamente? Siento que eres de los que escuchas al jefe, a tu pareja, a lo que dicen los amigos, lo que dicen en las noticias, pero no escuchas a tu cuerpo. ¡Tu cuerpo te quiere decir algo hoy! Escúchalo. Hazte un chequeo médico, o ve a una tienda naturista a buscar eso que necesitas. REnuévate por dentro.

Páginas 25-30

"*El desenvolvimiento no se acaba jamás, el dinero sí.*
Porque el desenvolvimiento me permitirá avanzar
y caminar en la vida con o sin dinero".
—El Niño Prodigio

Sientes que el dinero llega y se te escapa de las manos sin darte cuenta. Te aconsejo que no te preocupes tanto sobre si tienes o no tienes. Quiero que desde hoy solo veas el dinero como un medio para *desenvolverte*; cuando lo tengas en tus manos pide a tus ángeles *desenvolvimiento* y evolución. El Universo conspirará a tu favor. Piensa también si es hora de REnovar tus finanzas y empezar un buen plan de ahorro.

Páginas 31-36
"Tener rencor es como beber veneno
y esperar que la otra persona muera".
—Buda

Llevas años tomando cianuro puro. ¿Por qué? ¿Por quién? Hora de hacer un ritual del perdón y enterrar esos rencores. Escribe el nombre de esa persona que te hizo daño en un papel y quémalo. Con las cenizas haz una cruz en el suelo y pídele a Dios que te limpie el alma. Amén. ¡Y GOza de tu paz espiritual!

Páginas 37- 42
La envidia existe solo en aquellas personas
que no saben aceptar la felicidad de los demás.
—Pensamiento popular

No eres envidioso pero sientes que esa persona no se merece lo que le está pasando y te preguntas: "¿Por qué a mí no?". Recuerda que cada quien se merece lo que tiene. No confundas los sentimientos, no existe la envidia buena. Quédate en paz y tranquilidad, que lo tuyo pronto llegará y podrás ¡GOzar!

Páginas 43-48
"No dejes que se muera el sol
sin que hayan muerto tus rencores".
—Mahatma Gandhi

No sé si tu madre o algún abuelo, pero alguien en tu familia ha vivido sumido en el rencor y esa energía es kármica ¡Cuidado! No tienes por qué cargar con problema ajenos. La amargura no se debe heredar. Tienes que orar por ese ser querido que no supo perdonar. Ora y encomiéndate a Dios para que te tenga siempre en la luz del perdón.

Páginas 49-54

> *Hay tres cosas que cuando se van nunca regresan:*
> *el tiempo, las palabras y las oportunidades.*
> —Pensamiento popular

Lo que pasó ya no volverá. No mires hacia atrás, siempre hacia delante. No temas que volverá nuevamente otra oportunidad y será mejor; solo espera. Prométeme que cuando otra nueva oportunidad se presente en tu camino la vas a "apretar" y no la vas a soltar. ¡Apriétala!

Páginas 55-60

> *Las oportunidades son calvas,*
> *y hay que agarrarlas por los pelos.*
> —Pensamiento popular

Veo que andas intentando agarrarte a todo. Andas tras tantas oportunidades que se te escapan todas. Recuerda que el que mucho abarca, poco aprieta. Quiero que hoy te concentres en solo una oportunidad, una de las buenas, y vayas por ella con todo tu corazón. ¡Concéntrate! ¡REnuévate!

Páginas 61-66

> *"Importa mucho más lo que piensas de ti*
> *que lo que los demás opinen de ti".*
> —Séneca

Que te valga todo, no eres moneda de oro para gustarle a todo el mundo; que no te importe el qué dirán. Eres como eres y punto. Por algo Dios te hizo así. Confórmate con quererte y no gastes tu saliva en justificarte ante nadie. No des explicaciones y sé tú. ¡GOza de ti al completo!

Páginas 67-72

> *"Hay dos formas de ver la vida: una, creer que no existen*
> *los milagros, y la otra, creer que todo es un milagro".*
> —Albert Einstein

Nunca dejes de creer en los milagros porque ellos existen y pronto eso que pediste se te dará. Mis seres me dicen que es momento de regresar a la magia de la fe. Acércate a la luz y a lo espiritual y te prometo que el milagro del LEREGO se te dará.

Páginas 73-78

"Si ya sabes lo que tienes que hacer
y no lo haces, estás peor que antes".
—Confucio

Del dicho al hecho hay mucho trecho y te me pierdes por el camino. Sabes lo que quieres y cómo lo quieres, pero te falta el empujoncito para entrar en acción. No esperes que las cosas te lleguen, sal a buscarlas y muévete, no te estanques. Busca la ayuda de algún guía espiritual o de un buen amigo y ponte en acción. ¡LEvántate!

Páginas 79-84

No digas lo que piensas, pero piensa lo que dices.
—Frase popular

Calladito estás más bonito. No sé si fuiste tú quien hirió a alguien con la palabra, o alguien te hirió a ti. Sea como sea, llama o busca a esa persona, pídele perdón o dile que la perdonas (aunque ella no te haya pedido disculpas). Arranca ese tumor antes de que se haga más grande. Y a partir de ahora piensa lo que dices. La honestidad es un cuchillo de doble filo: ayuda, pero corta y hace daño.

Páginas 85-90

"Nunca es demasiado tarde para ser la persona
que podrías haber sido".
—George Eliot

Deja de pensar en lo que no hiciste y comienza a pensar en lo que todavía puedes hacer. Siento que todavía tienes mucho por recorrer y conocer. Pídeles a tus seres de luz que te iluminen el camino para que tú encuentres tu misión en esta vida. A ti lo que te falta es propósito. Lo demás te llegará solito. REnovar tu destino no es imposible.

Páginas 91-96

"Cuando una puerta de felicidad se cierra, otra se abre.
Pero con frecuencia miramos tanto la puerta cerrada
que no somos capaces de ver la puerta que se ha abierto
frente a nosotros".
—Helen Keller

Estás mirando mucho hacia atrás, esperando que esa persona o situación vuelva. Y mientras estás mirando al pasado, no ves las puertas que se están abriendo ante ti. Piensa que si esa persona no quiere estar contigo, tú tampoco quieres estar con ella. Si en ese trabajo te dejaron ir, no quieres estar donde no te quieren o aprecian. Te vas a acordar de mis palabras, porque la puerta que se te está abriendo ahora te va a llevar a lugares mágicos, donde la gente te amará. Mira hacia delante y llama a esa nueva puerta. ¡Y LEREGO, LEREGO, LEREGO!

Páginas 97-102

Si quieres conseguir algo que nunca has conseguido
tendrás que hacer cosas que nunca has hecho.
—Pensamiento popular

Has caído en esa rutina y te da miedo cambiar de rumbo. Pero para mejorar tus energías y conseguir cosas nuevas, tienes que probar nuevos caminos. Tus seres de luz te invitan hoy a hacer algo diferente. Alguna cosita: ve a otro restaurante, queda con un amigo que hace siglos que no ves o haz eso que siempre te ha gustado pero que por miedo o el que dirán nunca te atreviste. Cámbiale, muévete. Es hora de REnovarte y abrir nuevos horizontes.

Páginas 103-108

"La indecisión es el ladrón de la oportunidad".
—Jim Rohn

En esta etapa de tu vida estás muy indeciso. No cambies tanto de opinión y decídete de una vez por todas. Cuanto más esperes, más difícil será lograrlo y se te va a escapar tu gran oportunidad. No lo pienses dos veces y hazlo ya, que después me lo vas a agradecer. Quiero que GOces *apretando* esas oportunidades. Amén.

Páginas 109-114
"*Si no construyes tus sueños, alguien te va a contratar
para que construyas los suyos*".
—Tony Gaskings
Es hora de lanzarte y ser tu propio jefe. Hace tiempo que has deseado tener tu propio negocio o simplemente irte por tu cuenta. Y te preguntas: "¿Cómo y dónde lo lograré?, ¿cómo lo conseguiré?". No esperes más, porque te quedarás dando todo lo tuyo a otro y te tocarán solo las migajas. Estás entrando en un periodo de crecimiento interno y tienes que ir por más. Deja de LEvantar a los demás y LEvántate tú primero.

Páginas 115-120
"*Se puede tener todo en la vida,
pero no todo al mismo tiempo*".
—Oprah Winfrey
Llevas tiempo pidiendo algo que el Universo no te concede. Te propongo algo: de todas las cosas bellas que tienes ahora, ¿cambiarías una por lo que tanto deseas y aún no tienes? Esa es tu tarea del día: responder a esta pregunta con honestidad.

Páginas 121-126
Convierte la rabia en fuerza para superar los obstáculos.
—Pensamiento de maestros de artes marciales
Alguien te sacó un coraje recientemente. Quiero que con ese coraje te vayas al gimnasio y quemes 2.000 calorías. Luego mándale un texto a la persona que te hizo enojar y escríbele solo esta palabra: "Gracias". Transforma esa energía en magia para ti. REnueva tus sentimientos.

Páginas 127-132

"La pereza es la madre de la pobreza".

—Refrán antiguo

Últimamente prefieres pagar para que te hagan todo en vez de hacer las cosas tú. Siento que estás descuidando tus ahorros y estas gastando de más. ¡Entra en acción! No seas perezoso, porque la abundancia no se lleva bien con la pereza. ¿Por qué crees que los ricos son ricos? Porque se despiertan una hora antes que tú para pensar cómo no gastar tanto y cómo ganar más. LEvántate de esa flojera.

Páginas 133-138

"Camarón que se duerme, se lo lleva la corriente".

—Refrán

Ya te ha pasado antes. Te despistaste y otro se te comió la merienda. No bajes la guardia, sobre todo en asuntos del corazón. Siento que alguien quiere lo que es tuyo. ¡Camarón, despierta! LEvántate y ponte las pilas.

Páginas 139-144

"Más vale pájaro en mano que cien volando".

—Refrán

Hoy despertaste muy soñador, y ves muchos pajaritos volando. Concéntrate solo en uno: el que tienes delante de ti. Ese te va a llevar a volar muy alto. La suerte está de tu lado. ¡Pero concéntrate en lo que ya tienes!

Páginas 145-150

"Por la boca muere el pez".

—Refrán

¿Qué dijiste ayer que hoy te costó caro? Aprende a callar. Calladito te ves más guapo. El 70% de nuestros problemas es por algo que hemos dicho y podríamos haber callado perfectamente. Hoy practica el silencio. El silencio es un gran GOzo.

Páginas 151-156

"Cuanto más trabajo, más suerte tengo".

—Gary Player

La suerte es para jugar a la lotería o para el amor. Para todo lo demás: trabaja inteligentemente. Has estado trabajando mucho, pero sin un objetivo claro. No pidas suerte, pide claridad y desenvolvimiento para que tus seres te iluminen y trabajes inteligentemente. Es hora de REnovar tus estrategias laborales y de negocios.

Páginas 157-162

"Amistades que son ciertas nadie las puede turbar".

—Miguel de Cervantes

Te preocupa tu relación con un amigo o amiga. Te digo: deja de estresarte. Si es tu amigo de verdad, ni un huracán los va a separar. Si ese amigo elige alejarse de tu vida, déjalo ir. Eso significa que no era tan amigo como creías. No llores esa pérdida pues en realidad no pierdes nada. LEvanta tus ánimos.

Páginas 163-168

"Come poco y cena menos, que la salud de todo el cuerpo se fragua en la oficina del estómago".

—Miguel de Cervantes

Corren tiempos de sobrepeso y demasiada comida en la mesa. Hoy sírvete la mitad de lo que normalmente te sirves en tu plato. Hoy come la mitad y verás que no te morirás de hambre. Tal vez mañana también te animes a comerte sólo la mitad. Porque menos es más… Hoy es el día perfecto para empezar el cambio. REnueva tu alimentación y tus hábitos. GOza con menos.

Páginas 169-174

"Más vale una palabra a tiempo que cien a destiempo".

—Miguel de Cervantes

Está de moda, sobre todo en las redes sociales, eso de la "honestidad". Tienes que decir lo que piensas, si no eres un hipócrita.

¡Gran error! Usa tu sentido común, pon filtros a cómo dices las cosas. Es cómo lo dices, no lo que dices. Y por favor, si nadie te pidió tu opinión, no la des. Calladito… ya sabes… te ves guapísimo. No confundas la honestidad con la impertinencia. Hoy practica la honestidad pero con amor. GOza de tu palabra con respeto.

Páginas 175-180

"Es tan corto el amor y tan largo el olvido".
—Pablo Neruda

Dices que ya se te sanó esa herida de amor, pero la verdad es que le ocultas a todos que todavía te duele. ¡Y han pasado años! Es normal, no te sientas mal. Les pasa a miles de personas. Enamorarse toma un segundo; olvidar, toda una vida. Si tú sigues enamorado, no lo luches, acéptalo y cuéntaselo a un buen amigo o guía espiritual para que te ayude. No es ningún pecado amar como amas tú. Eso solo me dice que eres una bella persona. LEvántate, REnueva tu corazón y vuelve a GOzar.

Páginas 181-186

"La crítica es el cáncer del corazón".
—Madre Teresa

Estos días te pasas de crítico. Y lo peor es que te criticas a ti mismo con más dureza que a los demás. Envía a esos "jueces" que tienes dentro de tu cabeza de vacaciones. ¡Que la vida no es un concurso de talento en la televisión! Deja de juzgar y te cambiará la magia a tu alrededor. Aprende a opinar con respeto, no a juzgar. REnueva tus pensamientos.

Páginas 187-192

"Cuida el exterior tanto como el interior;
porque todo es uno".
—Pensamiento budista

Eres coqueto o coqueta. Te gusta verte bien, lucir *sexy*. Pero te estás olvidando de tu *"look*" interior". Los números te recomiendan que te hagas un "facial del alma" o una "desintoxicación del corazón". ¿Qué tal un poco de yoga para la mente o una lipo-succión del espíritu? ¡Manos a la obra! REnueva todo tu interior.

Páginas 193-197

Lo que Dios quiera, donde Dios quiera
y cuando Dios quiera.

Despertaste con una interrogante: algo te tiene muy preocupado. Y te acabo de dar todas las respuestas en una: Déjalo en manos de Dios. Deja que Dios te LEvante.

Páginas 198-202

La gratitud es el sentimiento que cura por partida doble:
cura al que da las gracias y al que las recibe.
—Pensamiento popular

¿Ya diste gracias a alguien el día de hoy? A tu madre porque te dio la vida, a tus vecinos porque son como tu familia más cercana y siempre te llaman para ver qué se te ofrece. A tu amigo que te lleva el café al trabajo. Si no diste gracias a nadie hoy, algo va mal… necesitas orar y meditar. GOza de la magia de dar gracias y de recibirlas.

Páginas 203-208

A veces hay que perder el norte para descubrir
que puedes ir en muchas direcciones.
—Pensamiento popular

Te sientes perdido, desorientado. ¡Pero eso no es malo! Al contrario: eres muy afortunado, porque solo cuando te pierdes es que puedes encontrar nuevos y emocionantes caminos. Piérdete sin miedo y busca esas cinco direcciones que te recomiendo en la vida, más la de quererte a ti mismo. LEvántate, REnuévate y GOza.

BREVE GUÍA DE
NÚMEROS Y ARCANOS

Aquí tienes la breve guía que yo te he preparado para ti de los números que corresponden a cada arcano del Tarot, y a la misión que marcan para tu vida. Recuerda que tu arcano lo obtienes concentrándote y pensando en un número del 1 al 22. Tras ese número se esconde gran parte de tu destino.

1. EL MAGO. Eres un visionario. Tu destino es desarrollar grandes proyectos a gran escala, que podrían alcanzar e inspirar a miles. Pero cuidado con tu lado soñador, no te tropieces.

2. LA PAPISA. Tu don es la intuición, así que ya estás muy conectado con quienes te rodean y muy cerca de tu misión, que será de total entrega al prójimo, en el ramo de la salud, de la religión, de las organizaciones benéficas. Tus emociones serán las que te cegarán y te harán perder tu propósito en esta vida. ¡Eres muy dramático!

3. LA EMPERATRIZ. Lo tuyo es la creatividad y el amor. Eres un ser protector y maternal. Tus grandes satisfacciones vendrán al ayudar a unos pocos seres, pero hasta el final. Tal vez tu gran misión serán tus hijos, tu familia. Estás diseñado para cuidar a quienes amas. Solo recuerda que para ayudar a los demás y amar, te tienes que ayudar primero a ti mismo. No te pierdas en tu entrega total. ¡No te creas el mártir del mundo!

4. EL EMPERADOR. Eres el constructor. A ti se te da bien crear estructuras, edificar y poner orden. Eres muy esta-

ble y posiblemente tu misión sea a muy largo plazo. No lo verás inmediatamente, pero eres de los que dejan un inmenso legado tras su partida. Podría ser que ayudes a fundar una organización o escribas libros de autoayuda, o colabores para aprobar leyes que nos cambien la vida. Tu enemiga será la desesperación. Ten paciencia. ¡A ti siempre se te queman las papas! Recuerda que tu obra es a largo plazo.

5. EL SACERDOTE. Eres el rey de las comunicaciones. Lo tuyo en esta vida será sin duda la enseñanza. Eres gran maestro, porque sabes transmitir lecciones y vivencias. Tu misión es muy clara: compartir conocimientos. Desde maestro de escuela a instructor de yoga, o catedrático universitario, o chef con un programa de televisión, o periodista. Lo tuyo es enseñar. Cuidado con tu ego y la soberbia, los peores enemigos de todo buen maestro. ¡Eres un poco altanero!

6. LOS AMANTES. Eres el sembrador. Siembras luz y alegría. Busca cualquier actividad que esté relacionada con plantar ideas, iniciar proyectos que otros luego continúen. Eres el mejor para organizar grupos y sacar lo mejor de cada ser. Tu mayor problema es la comodidad. No caigas en esa zona de confort de la que ya no puedas salir. ¡No seas vago!

7. EL AUTO. Eres espíritu viajero. Eres intrépido y aventurero por naturaleza. Tu misión será ambiciosa y sonará muy loca para muchos. Que no te dé miedo. Bien podrías ser guía de viajes exóticos y mostrarle a la gente las bellezas del planeta, o podrías dedicarte a proteger animales en extinción. Tu misión está en la aventura. Tu gran reto para no perder tu camino será aprender a domarte a ti mismo. ¡Eres una fiera!

8. LA JUSTICIA. Eres el rey de la justicia, como tu propia carta te indica. Como el Rey Salomón, eres práctico y lógico. Pon esos dones a disposición de tu gente. No descar-

tes emprender proyectos que tengan que ver con leyes, el gobierno o las fuerzas del orden. Serías un excelente juez o candidato político. Tu único peligro sería volverte muy estricto. Recuerda que la justicia se imparte con amor. ¡No seas tan inflexible!

9. EL ERMITAÑO. Eres el arcano de la sabiduría y de la meditación. Tu destino se dirige hacia lo espiritual. Eres capaz de profundas reflexiones, que podrías compartir con muchos de los que te rodean. Desde guía espiritual a psicólogo o consejero para estudiantes. Hay miles de oportunidades esperándote allá afuera, para usar el don que Dios te dio. Tu mayor enemigo serán las dudas existenciales. Simplemente recurre a Dios, si sientes que te alejas. ¡Piensas demasiado!

10. LA RUEDA DE LA FORTUNA. Eres capaz de todo. Tienes de todo un poco, como un arroz con mango. Puedes trabajar tu lado espiritual tanto como tu lado terrenal. Será más complicado para ti encontrar tu verdadera misión en la vida, pero no imposible. Medita, observa y decide qué quieres hacer, teniendo en mente que eres capaz de lo que te propongas. Tu peor enemigo es la rutina. ¡No la soportas! Pero sin rutina no vas a edificar nada.

11. LA FUERZA. La fortaleza es tu mayor virtud. Eres fuerte como una roca, aunque quizás todavía no lo sabes. Estás hecho para soportar grandes presiones y difíciles retos. Podrías proteger a gente indefensa, guiarlos y aconsejarlos. Podrías llegar a ser vicepresidente de una gran empresa, policía o astronauta si te lo propusieras. Tienes madera de héroe mas tu problema es que no te lo crees. ¡Deja de dudar!

12. EL AHORCADO. Eres piadoso. Conectas de inmediato con el dolor ajeno. La compasión y el sacrificio son constantes en tu vida. Posiblemente ya sabes cuál es tu misión principal: amar, entregarte, servir. No es que seas un mártir ni un santo, pero tienes cualidades cercanas a estos

seres de luz. Pon tu capacidad de sacrificio al servicio de aquellos que lo van a agradecer. No importa qué camino elijas, tu compasión dará grandes lecciones a tu alrededor y cambiará vidas. Solo te pido que mires bien a quien ayudas, no te conviertas en la chacha de nadie.

13. LA MUERTE. Eres el conquistador. Tienes que conquistar lo imposible, esa es tu naturaleza. Si te dicen que no puedes, no vas a descansar hasta poder. Esa energía es maravillosa si la pones al servicio de Dios y de los que amas. No uses esa virtud para alimentar tu ego y demostrar "que podías". Úsala para mejorar vidas y romper con los pensamientos negativos. Eres el mejor portavoz para gritar: ¡Sí se puede!

14. LA TEMPLANZA. Dos palabras para ti: armonía y equilibrio. Muchos querrán estar junto a ti precisamente por estas virtudes que traen paz y seguridad. Podrías ser un excelente jefe de equipo o trabajar con niños. Los más pequeños detectan tu estabilidad y se sienten bien a tu lado. No dejes que los problemas de los demás rompan esa armonía que Dios te obsequió al nacer.

15. EL DIABLO. Eres puro fuego y pasión. Eres un diamante en bruto, porque quien sepa navegar tu intensidad, encontrará en ti a un aliado para siempre, a un amigo o amante fiel y entregado. Tendrás que trabajar duro para encontrar cómo canalizar tanto torrente de energía. Tienes un problema: puedes hacer tanto bien como mal a tu alrededor. Busca un guía espiritual. Medita, practica yoga, habla con Dios. Si logras calmar ese caballo desbocado que tienes dentro, tu pasión puede cambiar el mundo. Podrías llegar a dar el mejor discurso ante las Naciones Unidas o salvar vidas en África. Pero piensa, medita, recapacita…

16. LA TORRE. Eres innovador. A ti no te da miedo romper con lo establecido. Contigo llegan las nuevas ideas, las nuevas reglas, y aunque algunos se resistan, son muchos los que aceptarán tus cambios y tu espíritu renovador. Tu

misión bien podría ser convencer a tu gente de "renovarse o morir". Podrías inventar nuevas tecnologías o descubrir nuevos negocios. Tu gran obstáculo serán tus propias ansias de descartar lo que ya existe. ¡Respeta también las tradiciones!

17. LA LUNA. La salud es tu fuerte. Lo tuyo es sin lugar a duda la sanación. Tienes la capacidad de sanar el cuerpo y el alma de los que te rodean. Desde el Reiki a la medicina tradicional o como líder espiritual. Tus manos y tu mente podrían traer salud y bienestar a muchos. Desde enfermero a doctor, o nutricionista o entrenador personal. Lo tuyo es mantener al prójimo sano y fuerte. Como siempre, en casa del herrero, sartén de palo: ten cuidado de no descuidar tu salud por atender a los demás.

18. EL SOL. El misticismo te rodea. Puedes guiar a las almas a salir de la oscuridad. Lo admitas o no, eres líder espiritual nato. Te atrae lo profundo, los misterios y lo inexplicable. Eres feliz en el mundo de lo etéreo. El mundo material se te hace difícil de comprender. Solo recuerda que, de vez en cuando, tienes que regresar a la realidad, y poner tus pies sobre la tierra.

19. LA ESTRELLA. Eres un ser de luz. Tu luz, optimismo y alegría son contagiosos. Ponte a pensar de qué maneras puedes poner esta luz a disposición de tus semejantes. Animador de escuela, artista en los escenarios, motivador personal, voluntario en un centro de ancianos o cualquier otro pasatiempo o proyecto donde tu luz beneficie a los demás. Pero tú, como toda estrella que brilla mucho, atraes a muchos seres de oscuridad, que van como las abejas al panal. Quieren de tu miel. Debes aprender a protegerte de estos seres que te dejarán sin energía y podrían apagar esa estrella que llevas dentro.

20. EL JUICIO. Eres serio por naturaleza. Tu seriedad puede ser muy útil para emprender grandes empresas, proyectos o aventuras que para otros serían imposibles. Eres gran

pensador y muy analítico. Pon ese cerebro tuyo al servicio de una buena causa en la que creas. Los resultados serán asombrosos. Tienes que aprender a ser un poco más flexible, sobre todo contigo mismo, o te saldrás del camino que el destino te tiene trazado. ¡No seas malo contigo mismo!

21. EL MUNDO. Eres gran filósofo de la vida, bohemio y a la vez muy camaleónico. Cambias de opinión, de gustos, de trabajo y de amigos constantemente. Esas características pueden resultar muy útiles para conocer el mundo, iluminarte y enriquecerte tú mismo con las miles de experiencias a las que te expones. Solo recuerda, después de iluminarte tú, tienes que compartir con tus semejantes las lecciones aprendidas. Tu mayor enemigo es el tiempo: siempre vas contra reloj y las horas se te escapan entre los dedos. No te duermas y alcanza tu misión antes de que sea demasiado tarde. Camarón que se duerme…

22. EL LOCO. Eres un pájaro libre, rebelde, al que le gusta volar alto. Odias todo lo convencional. Con tu libertad y rebeldía puedes inspirar a muchos, puedes romper cadenas y lograr cosas que otros no podrían. Vienes a romper la monotonía de muchos seres y a traerles nuevas visiones. Definitivamente las artes, el entretenimiento, son tus elementos. La música, la poesía, la literatura, el baile, la pintura. Eres ese motor que revuelve lo establecido y pone a la gente a pensar, a cuestionar y a soñar. Sobra decir que en tu remolino de rebeldía podrías desenfocarte y perder tu verdadero propósito en la vida. Traza un plan y síguelo. Tu rebeldía te distrae demasiado. ¡Eres un cabeza loca!

AGRADECIMIENTOS

Como te cuento al principio de este libro, la gratitud es la cualidad principal que un ser humano debe de tener. Aquí llegó mi momento de ser agradecido, porque sin gratitud no hay nada en la vida.

Quiero agradecer a esa fuerza suprema del Universo, a esa fuente divina que nos regala la magia de la vida y que hace latir nuestros corazones día con día, porque con Dios Todo y sin Él Nada.

Quiero agradecer a las mujeres de mi vida:

A Anaísa Pie, mi voz mágica, que siempre me aconseja y que nunca me deja solo.

A mi querida madre, Agustina, quien siempre me ha apoyado en todo, y quien es mi mejor amiga y mi confidente.

A María Rubio, mi adorada Nena, mi abuela que siempre me enseñó la magia que emana de la alegría, de siempre estar feliz, pase lo que pase.

A Isabel, mi otra abuela mágica, que me dio la enseñanza de lo divino, y que también me enseñó que padre o madre puede ser quien te cría con amor, no solo quien te da la vida.

A mi bisabuela Petronila, que aunque no la conocí, he sentido su magia y sabiduría toda mi vida.

A mi otro yo, mi querida prima Jumaris, quien siempre me ha brindado su ayuda incondicional.

A mi querida Patricia Arzayus, por enseñarme tantas cosas y por siempre estar a mi lado.

A Miriam Fernandez Soberón, por abrirme las puertas y creer en mi.

A Giselle Blondet, una hermana y un ángel aquí en la Tierra. De ella aprendo tantas cosas buenas, y quiero que sepa que siempre las pongo en práctica.

A mis ángeles terrenales:

Nelson Rodríguez, mi fiel hermanito que se montó en el barco de *La Magia del LEREGO* sin dudarlo.

Omar Fajer, quien, aparte de ser una persona muy especial para mí, es el productor ejecutivo de este libro. Gracias a él estas páginas se convirtieron en realidad.

A Madame Lucy, por su ayuda espiritual que siempre me ilumina el camino.

A un gran amor que ya está en el cielo y que me dio las fuerzas para crecer y buscar lo bueno en la vida.

A mis tíos, por enseñarme que la honestidad y los principios van más allá que cualquier cosa.

A mi hermano Marcial Brooks, porque me enseñó a ser papá y a quererlo.

A mis guías en la Tierra:

A María García Márquez y a Sandra Smester. Las dos fueron las primeras en creer en mí y abrirme un mundo de posibilidades en la televisión.

A toda la cadena de Univision, que ha sido y es mi casa durante los últimos veinte años. Y en toda casa tienes gente que la habita y la convierte en verdadero hogar. Para mí:

Ignacio Meyer, por tu gran fe en mí y reconocer mi talento.

Luz María Doria, por siempre abrirme las puertas de *Despierta América*.

Rick Alessandri —gracias por confiar en mí.

A Johanna Castillo, Judith Curr y todo el fabuloso equipo de Simon & Schuster y Atria Books. Y a María García, por ser mi cómplice en esta aventura de *La Magia del LEREGO* y por ser ahora parte de mi vida.

Y si "Con Dios Todo, y Sin Él Nada", cuando hablo de mi

carrera y mis éxitos, tengo que decirles: Con Ustedes Todo, y sin Ustedes Nada. Ustedes, mis lectores y televidentes, han sido y son mis maestros, mis amigos y mi fuente de inspiración. Sin ustedes el Niño jamás hubiera sido Prodigio. Sin ustedes, no habría libro, ni Magia del LEREGO.

Desde el fondo de mi corazón, les brindo toda mi gratitud.

Gratitud… ¡qué bella palabra!

Víctor Florencio
El Niño Prodigio

Para más información sobre
El Niño Prodigio, por favor visita:

ANTAHKARANA®

Antahkarana.com
MundoEspiritual.com